萨满文化研究丛书

孟慧英 主编

# 满族罗关穆昆续谱与祭祖考察

The Investigation of Remaking Jiapu and Shamanic rite in Luoguan clan of the Manchu

于洋　孟慧英　孟盛彬　曾慧　罗关家族　著

社会科学文献出版社
SOCIAL SCIENCES ACADEMIC PRESS (CHINA)

# 前　言

  国家社科基金项目："国外萨满教研究的历史与发展现状"于2010年立项，课题主持人为孟慧英研究员，课题预计完成时间为2015年12月，课题的最终研究成果为专著一部。这套丛书原则上属于这个国家课题的子项目，它们主要是由孟慧英和她的博士生及博士后完成的。

  西方人很早就发现了萨满教现象并零散地记录了它的一些情况，但比较集中的记载大约发生在500年前。从那时开始，萨满教就处于被自身文化之外的人们的猜测、理解和研究之中。总结萨满教被"他者"不断展示的历史，特别是300年来国外萨满教的研究历史，任务是很艰巨的。

  16世纪，当欧洲人进入美洲大陆，他们发现那里的奇特信仰使土著人拒绝关于上帝的认识。17世纪，俄国人占领了西伯利亚，他们同样发现那里的人们有与精灵沟通的习俗。到了18世纪的启蒙时代，欧洲人开始用"客观"的眼光理性地理解萨满教，他们想通过萨满教了解人类理性进步的过程，把萨满教看作一种欺骗表演。19世纪宗教学、人类学、民族学的研究开始出现，人们把信仰萨满教的族群称作"野蛮""原始"人群，处在社会发展的低级阶段，由此，萨满教也就被视为原始宗教。到了20世纪，随着调查的深入和材料的积累，对"人类进化低级阶段"代表的萨满教的看法逐渐被更多的事实所置疑。1951年，著名的萨满教专家伊利亚德出版了《萨满教：古老的入迷技术》，全面评述了世界上百余个族群里的萨满教仪式、世界观、象征系统等，强调了萨满教的古老性和一般功能性，进而将萨满教的历史性和功能性之间的矛盾进行了化解。进入20世纪，萨满教考察的方法也发生了改变,参与调查成为潮流,地方知识开始受到重视,研究者开始从信仰群体的主位方面理解萨满教。20世纪60年代一些西方调查者在墨西哥等地发现可致人迷幻的植物,认为这些植物与萨满那种与现实世界分离的入迷状态有关,由此逐渐引起了关于萨满昏迷术的科学解释。科学家开始采访萨满,询问他们对于那些植物的知识;调查者也把萨满关于自然、植物的知识作为对象进行深入访谈。科学界的这种兴趣导致了新萨满教与核心萨满教运动的产生,它发生在美国,现在已经扩展到全世界,进而成为萨满教研究方面的一个主题。在20世纪的最后30年,对萨满教文本的探讨超过了历史上的任何时期。萨满们开始自己写作,这些著作导致人们对于人类精神的探索以及对于人类心理的深入理解。萨满教关于身心医疗的知识,作为人类文化遗产被研究者发掘,人们希望从中得到自我疗理身心的技术和能力。关于萨满教的医学和心理学的解释是当代科学家突出努力的方向,这方面的著作已经超出关于萨满教的历史和文化的解释。与此同时,世界各地的萨满也非常活跃。萨满们并非与科学家们的设想一致,其中最重要的区别在于他们对世界基本性质的看法不同。科学家们认为,萨满们相信的东西来自心理问题和现实矛盾,信仰由于这些问题而存在,而萨满们则相信精灵。

  在萨满教如此漫长的考察和研究历史中,各种专门性的著作不胜枚举,所涉及的族群所在的国家和地区范围十分广阔,研究的领域宽广,学术派别很多。我们的讨论只能集中在萨满教发展的阶段性特点上面,我们将按照萨满教研究进展的时间脉络逐步展开,不但要梳理各个发展阶段的理论脉络和发展特点,还要介绍这个阶段中突出的理论观点和代表性人物,同时还将对国际热点研究领域和研究对象进行系统说明。本课题争取从综合、系统的角度为学术界提供所需要的学术信息和学术理解,这样一个系统工程无疑是空前的、重要的,也是艰巨的。

  我们将根据"历史与逻辑相统一"的原则来理解西方人对于萨满教的研究历史理论与方法。因为不论是萨满教展示还是萨满教研究,它都被关注它的人放到他们自己的历史生活环境和社会政治、思想取向当中进行理解,他们说明的萨满教并非萨满教自身,而是他们理解的萨满教。因此,我们只有在广阔的世界历史、社会、思想潮流的背景下,特别是在西方社会历史环境中的科学、宗教学、人类学等学科发展的背景下，才能深入地理解关于萨满教的各种解释。因此我们尊重历史文献，对这些文献进行大量的翻译，以此为基础开展研究。同时，我们重视不同历史阶段的思想潮流以及这些潮流对于萨满教研究的影响，特别重视对各种潮流的代表人物研究，并依据这一研究说明萨满教研究史的阶段性特点。我们也注重对于萨满教自身传统知识的理解，由于条件限制，课题组成员只能在国内进行萨满文化考察研究，这样的考察便于加强对萨满教的理解。

本项课题的意义主要在于以下几个方面：

1. 关于萨满教的最初研究和基本的理论建构来自国外。在西方，萨满教的研究已经进行了几百年，但我们对此知之甚少。直到现在，我国对于国外萨满教研究的介绍十分稀少，更不要说系统地阐述了。本课题力图改变这种严重的学术滞缓现象，为此，拟对国外萨满教研究的历史和发展现状进行系统的梳理和综合的介绍，补充我们还不熟悉的大量知识，以填补这个学术空白。

2. 国外的萨满教研究始终处于西方社会思想潮流的发展之中，特别是处在西方宗教学的发展范畴之内。因此，本课题所涉及的问题不仅是萨满教自身的问题，也涉及西方宗教研究的思想潮流的不同阶段特点，涉及宗教学术的热点问题。本课题从萨满教的视角反映西方宗教研究的发展脉络，对于整个学科知识的进一步完备很有意义。

3. 萨满教研究始终围绕宗教的初始现象，从不同方面探讨了人类的宗教倾向问题。因此，深入进行萨满教研究对于理解中国这种以民俗性宗教生活为特点的文化传统将有所帮助，有利于我们提高对于现实民间信仰问题的认识和把握。

本项课题的主要思路和重点内容包括：

1. 萨满教研究的初期阶段及其特点。在早期记录中，萨满经常被妖魔化、骗子化，把他们说成是黑暗、邪恶力量的仆人。我们将在基督教世界对待巫术的传统上，启蒙主义的理性立场上分析这种看法形成的原因。我们还要分析在宗教学作为世俗科学门类刚刚发展起来的时候，关于萨满教是不是宗教，是怎样的宗教的争论。

2. 萨满的心理学探索阶段。早期各种关于疯狂萨满的记录导致很多学者通过现代医学、心理学、精神病学的视角来定义萨满教。为什么萨满教与精神病天生地联系在一起？许多学者提出，北极地区的极地气候、单调环境、贫困生活、贫乏思想、季节性的压力等，造成北方土著人极端焦虑和精神压力的恶性循环，因此，歇斯底里不仅是萨满精神的特点，也是当地土著民族的精神特点。对萨满癫病观点比较早地提出挑战的是史禄国（Shirokogoroff），他认为，萨满是健康的，不是精神错乱。在这个阶段，文化人格学派提出很多理论思路，他们从文化因素对人格形成和发展的影响方面进行了说明。在20世纪后期，西方心理学着重探讨了萨满入迷的生理机制，并提出萨满入迷作为普遍的宗教元素在各种宗教中的保留是由于它控制自我意识的超越性能力，这种能力对于人类潜能的发挥具有启发性。本研究将全面总结这个领域的研究特点和发展脉络。

3. 普遍化的萨满教阶段。米·伊利亚德（Mircea Eliade）在他的萨满教权威著作《萨满教：古老的入迷技术》里提出：萨满教＝入迷技术。伊利亚德认为，在世界所有早期人类群体中都允许人们直接与神圣联系，萨满教属于这种古代的原始精神。伊利亚德把入迷、天界飞行、多层宇宙、宇宙核心（宇宙树）这样的概念作为全球萨满教的支柱，把它们作为人类宗教最古老的原型。伊利亚德的著作打开了萨满教研究的学术视野，他在不同的时间和空间的古老文化传统中去说明哪些属于萨满教现象，并在不同的传统和社会变化中发现萨满教的变迁。在他的影响下，学者们在世界各地都发现了伊利亚德所说的那种萨满教，出版了大批著作。由于伊利亚德把萨满教存在的时间限制打破了，萨满教古老的原型为考古学提供了参照。他的"入迷"技术，后来被西方个人化的现代萨满教所实践。这个阶段除了伊利亚德之外，还有瑞典的萨满教学者阿·胡特科兰兹（Ake Hultkrantz）、匈牙利学者V. 迪奥塞吉（Vilmos Dioszegi）等著名学者，他们与伊利亚德观点接近，但是对他的某些方面进行了批评和重要修正。

4. 理想化的新萨满教阶段。20世纪60年代以来的现代萨满教起初来自一种要帮助西北海岸印第安人恢复他们传统、给予他们生活以意义的思想潮流（这种潮流后来成为赚钱的商业活动），后来它与来自加利福尼亚的嬉皮士运动混合，这种运动想借用外来的、原始的文化反对自己社会的现代化，特别追求以神秘的昏迷技术或使用致幻剂回归人类起初的本性。人们到印第安人那里寻找和毒品一样可以致幻的神圣的蘑菇致幻药物，当现代西方人经历了和萨满一样的幻觉之后，萨满与毒品的心理学、精神医学的研究成为时尚。西方核心萨满教的创始人，人类学者迈克·哈纳（Michael Harner）在美国建立了萨满研究中心和萨满研究基金会，这个中心还在美国、加拿大、丹麦、英国、日本、澳洲及欧洲拥有千余名会员，并设有分部。萨满教由被研究、被检验的对象，变成被推崇、被经验的现象。但西方人并非想把他们自己和土著的文化仪式真的联系起来，他们是在其中提取最理想的普遍性东西和那些吸引人的东西，来创造一种理想的萨满教。他们把萨满教转化为一种完全的个人实践，让人们去分享这种古代智慧。我们从中看到的是一种萨满教传统的进化。

5. 国外萨满教的现实状况。近30年来，世界各地原先信仰萨满教的土著民族对于萨满教的兴趣苏醒，在文化权力的政治语境下，这些民族对萨满教带着浓重的族群认同和文化骄傲，用各种方式把它带进组织化的群体运动或文化市场之中。一个被改造了的萨满教传统不但在新萨满教那里出现，也在土著社会出现。研究者在努力发现这个再造过程所采用的方法和它的目的。

现在的萨满教人类学研究也在发展。这种研究在理论上对伊利亚德跨文化的和先验的萨满教观点和方法进行批判，因为它不适合后现代的思想潮流。现在很多人类学者怀疑一切文化原型和跨文化的概括，强调萨满教归属于某些社会类型和文化类型。因此，有的学者将萨满教（shamanism）的单数变成复数（shamanisms），借以说明萨满教的多样性和时空限制性。他们把自己局限在特殊的文化上，把代替土著讲述他们自己的传统作为责任。同时，以往的心理学研究也使学者充分注意到萨满教心理学表现方面的人类共通性。如何在文化历史语境和人类共同心理两个领域讨论萨满教的类型及其变化仍旧是在不断探索的问题。大多数学者认为，萨满教研究中比较的原则必不可少，但不能离开对不同的语境中萨满教丰富性的深刻理解。

　　本研究的突出之处在于，它是在整个国际研究的背景中说明萨满教这个领域所发生的重要事件和重大理论进展，这对于目前萨满教学术界来说是一次全新的总结。同时，这个工作也是在中国学者已经有了30多年对国内萨满教研究的基础上进行的，具有中国特色的理论思考会给国际学术带来新鲜的信息和新生的血液。

　　要完成上述的课题设计，我们必须从资料翻译、专题研究、区域研究等具体而繁重的工作开始。我的这些博士们每个人都完成了数十万字的资料翻译工作，在此基础上，他们分别将萨米人的萨满文化变迁、北美印第安人萨满教的特点、西伯利亚萨满教研究、作为文化遗产的萨满教传统复兴、西方现代萨满教研究、史禄国通古斯萨满教研究的特点与贡献等作为博士论文选题，并出色地完成了自己的著作。同时，由于大多数学生初次接触萨满教，他们除了需要掌握这个学科的基本知识、理论外，更需要亲身的调查实践。为此，我带领他们深入满族、达斡尔族等民族，对当下的萨满教活动进行考察，并把每次考察结果写成调查报告，所以，这套丛书也包括他们的实地调查成果。无论是对国外不同民族、不同区域、不同时代，乃至不同学者的具体研究，还是对中国当下萨满文化活动的实地考察，都是这个项目不可分割的部分，因为这些阶段性成果无论在提供必要的学科知识上，还是在问题的深入理解上都提供了十分重要的学术信息，这些将在资料上、理解上为完成整个课题提供基础。

　　我们把这套丛书献给大家，它们既是我们辛苦的结晶，也是我们学习的初步成果。在对国外萨满教的系统研究上，我们刚刚起步，不足之处在所难免。

孟慧英　于北京<br>2013年6月20日

# 目 录

写在前面 / 1

## 第一章　打牲乌拉出身的罗关家族 / 1
　　第一节　从打牲到务农 / 2
　　第二节　罗关家族史的各种记忆 / 7
　　第三节　罗关穆昆组织与祭祀活动 / 14
　　第四节　家族祭祀的各项准备 / 28

## 第二章　罗关家族的萨满 / 42
　　第一节　罗关家族萨满的传说 / 42
　　第二节　罗关家族萨满的出现与培养 / 54
　　第三节　罗关家族萨满的祭祀活动 / 59

## 第三章　罗关穆昆壬辰年的续谱活动 / 62
　　第一节　罗关家族的堂子 / 63
　　第二节　续谱过程 / 69

## 第四章　罗关家族祭祀仪式 / 80
　　第一节　仪式第一天——亮祖爷、祭饽饽神 / 80
　　第二节　祭祀第二天——跳肉神、背灯祭 / 103

第三节　祭祀第三天——祭天、换索　/ 137

**结　语** / 152
　　一　续谱　/ 152
　　二　家神祭祀　/ 160
　　三　续谱、家神祭祀——满族文化象征的当下实践　/ 164
　　四　举行办谱、祭祖活动的动力分析　/ 166

**罗关附件**
　　罗关附件1　罗关家族满文萨满文本　/ 169
　　罗关附件2　罗关家族满汉双语的萨满文本　/ 173
　　罗关附件3　罗关家族族谱　/ 186

# 写在前面

2012年为壬辰龙年，满族龙年"办谱"的传统在这一年春节期间表现得最为充分。对于我们来说这是一个难得的机会，借此可以充分了解这一习俗，理解当今社会中传承这个习俗的满族民众。

我毫不犹豫地组织了一支春节考察队伍，其中主要是我的博士生于洋、吴凤玲和博士后孟盛彬、曾慧，此外还有中国社会科学院民族学与人类学研究所的王晓丽研究员、郭宏珍副研究员。我们这个队伍在冰天雪地中，在满族民众热情的款待中度过了一个令人难忘的春节。

图1 在莽卡满族乡尼玛察穆昆神树下的师生（左起）：
曾慧 孟慧英 于洋 孟盛彬 吴凤玲

满族在龙年或虎年的正月举行祭祖续家谱仪式，是其独特的习俗。中国古代属相文化中龙、虎为大，选择这样的年份办谱祭祖蕴含着对家族未来的期望，希望家族人才辈出、事业发达。吉林九台市满族各氏族传承的祭祖仪式已有上百年的历史，时至今日这种传统习俗仍然保留相对完好。九台市位于吉林省中部，长春市和吉林市之间，北邻德惠市，南靠双阳区，西和长春郊区毗邻，东南与永吉县接壤，东面与舒兰市隔松花江相望。九台市是满族萨满文化遗存最多的地区之一，被称为"萨满活化石之乡"。经有关专家考察论证，2006 年 3 月 30 日，九台市被吉林省政府正式批复为"中国萨满文化之乡"。

2012 年 1 月 25 日正月初三晚，我们踏上了北上列车前往九台市，开始此次考察活动，由于事先安排周密，我们一路都很顺利。

正月初四（1 月 26 日）早 5 点，我们下了火车，当时天还没亮。刚一下车，我们就感到刺骨的寒风。来接站的石文继是锡克特里家族（即石姓）的族长，属"文"字辈，为石姓第 13 代，在现今石姓家族中辈分很高。他告诉我们，在他之上"清"字辈中在世者已经不多了。在满族传统社会组织中，辈分是维系社会秩序的重要力量，世代沿袭。按照石家祖先传下来的 20 字辈分单字排序为：清、文、宗、继、盛；庚、兆、永、明、良；朴、蕴、祥、微、玉；昆、鹏、保、润、方。

从火车站到莽卡满族乡，坐汽车要将近一个小时。石文继一边开车，一边和我们交流国内萨满文化研究现状，介绍石姓家族近些年的情况，他还简单地介绍了石姓家族历史的来龙去脉，使我们有了初步印象。石姓先祖吉巴库，锡克特里氏，清代打牲乌拉珠轩达，带着石姓的一支来到乌拉街驻扎，繁衍延续至今。吉巴库生一子名萨喀奈，萨喀奈生 7 子。

龙年春节办谱的满族人家很多，我们这个小队伍难以应付这么多的考察现场，无奈我只好把大家分成 3 个小组：到小韩屯石姓家族调查的是孟慧英、郭宏珍、于洋，到其塔木关姓家族调查的是孟盛彬、曾慧，由于莽卡满族乡杨姓（尼玛察）家族仪式的时间延后，我决定其他人和这两组成员根据个人任务完成情况陆续前往杨姓家族考察。

我们先到了小韩屯石姓家族，然后孟盛彬和曾慧再前往关姓家族，石姓族长石文继派车送他们到关姓办谱的村庄。2012年1月26日（正月初四）傍晚时分，他们到达此行要考察的目的地——罗关家族穆昆达关云德家，在莽卡满族乡腰哈什玛屯屯北，即其塔木镇刘家满族村的腰屯。

孟盛彬和曾慧从初四到初九全程参加了罗关穆昆的祭祖活动，对活动现场进行了拍照和录像，并尽可能地开展访谈。考察结束后，他们细心整理考察资料，撰写了考察报告。

在认真阅读了孟盛彬和曾慧的考察报告之后，我对他们的工作成果给予了充分的肯定。同时也注意到有必要再次深入下去，到罗关家族核实他们的一些萨满文化知识，补充还不够充分的家族文化史方面的资料。为此，我带着博士生于洋于2013年1月3~10日，再次来到腰哈什玛屯

图2　曾慧与孟盛彬在考察现场　　图3　孟盛彬与族长关云德

图4　走出访谈的人家　　图5　曾慧在现场访谈

图6　孟慧英与罗关家族穆昆达关云德走在腰哈什玛屯的乡道上

展开调查。

　　再次访问腰哈什玛屯，主要进行的工作是与萨满交谈，核实他们的仪式程式、具体仪式步骤、仪式祭品和所有仪式唱词以及他们所理解的萨满文化知识。这些工作主要是围绕仪式录像进行的，我们对每一个仪式环节都进行了检查，对每一项祭品内容和摆放惯例逐一核对。每个仪式过程中的萨满满文唱词的发音是最难识别的，为此我们在萨满的指导下对每个词、每一唱段都进行了记音与记录，并根据萨满的理解进行了初步的翻译。总之，我们力求在对仪式的描述中、对罗关家族萨满文化知识的介绍中，减少知识性错误。

　　我们做的另一项重要工作是对罗关家族史和萨满文化传承的重新梳理，因此对有关该穆昆的家谱、谱单、萨满传承进行了逐一核对，特别是对满文萨满文本和满汉合璧式萨满文本进行再次核实。

图7　与萨满关长继、族长关云德交谈

图8　与萨满关连福一起核对萨满唱词

图9　萨满关长兴在核实唱词　　图10　萨满提供的祭品摆放

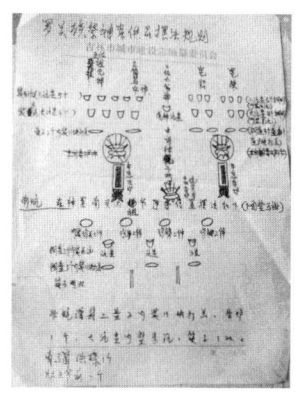

　　罗关穆昆的独特之处在于它保留了满族文化和与祭祖相关的很多有形文化物件。关云德族长再次带领我们察看罗关穆昆的堂子、祭祖所用的祭器、盛放供品的食具等。我们还特别记录了关云德穆昆达制作萨满鼓和萨满腰铃的过程，因为这些都是与萨满文化密切相关的技艺，非常珍贵。

　　此外，我们还有幸与罗关穆昆萨满文化知情人进行了交谈，了解了这个家族往日生活中的一些信仰状态，甚至得到了一些珍贵的萨满文化遗物和听到萨满神话故事。我们还参观了关云德的民俗文物储藏室，并在其中获得不少有价值的信息。

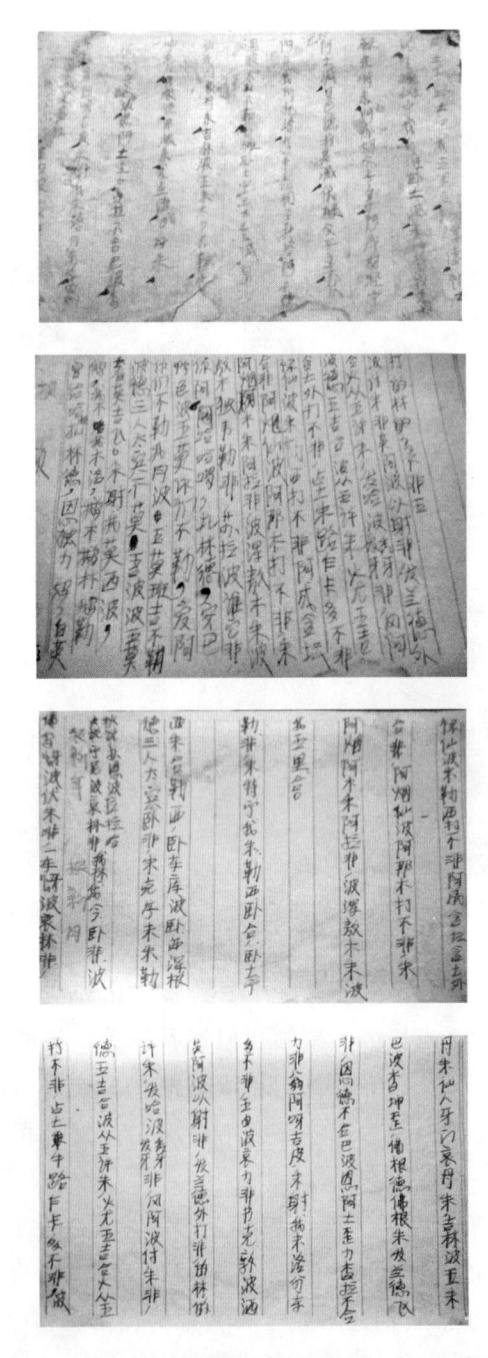

图 11　萨满关连福提供的他学萨满时所作的笔记

图 12　关云德提供的萨满文本和家谱谱书

图13　堂子

图14　堂子内的神龛

图15　关云德打开装神器的箱子

图16　罗关穆昆的老鼓

图17　祭祀用的盘、杯、壶

图18　罗关穆昆神案画像

图 19　萨满裙子

图 20　抬神时用的棒槌

图 21　正在做萨满鼓的关云德　　图 22　关云德在焊腰铃环

图 23　关长宇家的子孙口袋　　图 24　关长宇在讲述萨满神话

图 25　关云德搜集的八旗军中的萨满神器

我们师生4人先后两次进行的现场考察和事后核实，共同构成了本书的写作材料基础。在孟盛彬和曾慧前期报告的基础上，结合第二次调查获得的新材料、新认知，我们重新进行了写作。这个后期工作是我和于洋完成的，其中于洋重点描写了罗关穆昆所有祭祀仪式的详细过程，并整理完成我们访谈中所有记录的电子文本。我则在他们工作基础上，进行该报告的整体安排，对罗关穆昆的地理环境、历史变迁、萨满传承等方面进行梳理和整合。

我们之所以能够顺利完成这个报告，离不开罗关穆昆的全力支持。他们无微不至照顾我们的生活，对我们的学术研究工作倾囊相助。

图 26　清晨的腰哈什玛屯

# 第一章
# 打牲乌拉出身的罗关家族

吉林省九台市莽卡满族乡许多家族都在2012年壬辰龙年举行续谱祭祖仪式，根据满族龙虎年续谱的习俗，这是一次难得的轮回，因而非常珍贵。我们要考察的九台市老关家、老杨家、老石家3家的满族祭祖活动被认为是当地重要的非物质文化遗产，这也带动了其他满族人家办好祭祖仪式的热情。九台市的满族祖先，或是随努尔哈赤统一女真各部落，转战南北后迁徙于此者，或是满洲八旗兵于打牲乌拉总管衙门当差而留居于此者，他们开荒垦地，务农为生，后逐渐形成村落。"清初，努尔哈赤与蒙古贵族联盟，九台西部为科尔沁部落之郭尔罗斯前旗牧地，东部属打牲乌拉管辖。顺治年间，有满族正白旗佟佳氏（佟姓）来莽卡开荒占草。此后不久，锡克特里氏（石姓）、瓜尔佳氏（关姓）、尼玛察氏（杨姓）、鄂济氏（敖姓）、乌拉纳喇氏（赵姓）、钮祜禄氏（郎姓）、奚塔拉氏（奚姓）等也相继来到九台境内落户。九台依山傍水，是土壤肥沃的鱼米之乡，这里有巍峨的山峰，碧绿的江水，茂密的森林和众多的江汊和沼泊，是养鱼、采珠、猎鹿、挖参、捉海东青的理想之地。在清代，打牲乌拉（包括九台）是宫廷所需要的鲟鳇鱼、东珠、鹿茸、貂皮、人参、海东青等进献机构之一。这里的萨满文化历史悠久，底蕴深厚，几百年来历经多次社会变革。虽然历尽坎坷，萨满文化逐渐式微，但居住在九台这块黑土地上的满族人民，眷恋本民族的传统文化，努力将萨满文化保留、传承并延续下来。有的家族甚至保留得非常'原始'与完整，使萨满文化这颗璀璨的明珠今天再放异彩。"①

## 第一节　从打牲到务农

根据九台市政府网站介绍，九台市在吉林和长春两市之间，西距长春市区43公里，距长春市最近距离8公里，东距吉林市76公里，距吉林市最近距离30公里，正处于吉林和长春两大中心城市之间的交通走廊地带和长吉经济圈的核心位置。绵长的区域将长春、吉林两大中心城市紧密地连接起来，是长吉经济一体化发展的最重要结点和经济集聚区。

九台市东及东北隔松花江与舒兰、榆树两市相望，南及东南与双阳、永吉县（区）毗邻，西与长春市宽城区为邻，北与德惠市接壤。九台市属松嫩平原东南边缘与长白山余脉过渡的台地，境内地形地势呈西南东北狭长状，地势东南高，西北低。境内河网密布，低山耸峙。一江三河（松花江、饮马河、雾开河、沐石河）纵贯南北，长白山余脉即大黑山脉横亘东西。境内平原、台地和丘陵分别占全市总面积的44%、34%和22%。

作为北方城市，九台市有着悠久的历史，早在秦、汉时代，扶余国就在这里创造了塞外文明。清朝时，为保护满族在东北的发祥地，实行封禁政策，修筑柳条边墙，并沿边墙走向设置边台。康熙九年（1670）至康熙二十年（1681），清政府筑柳条边（新边）经九台境域，境内边台有：三台、四台、五台、六台、七台、八台、九台、饮马河台、二台（今放牛沟乡腰站村二台屯）、高台子（今放牛沟乡）。九台因位于第九个边台而得名。

根据满族锡克特里氏穆昆知识分子石文炳研究，清代打牲乌拉总管衙门坐落在乌拉街镇东侧，即今乌拉街镇农机站所在地，现仅存一间半残舍。

---

① 石文尧：《吉林省九台市萨满文化的历史与现状》，《北方民族》2007年第2期。

该衙门是仿照副都统衙门的式样修筑的，其大门3间，仪门1座，川堂3间，大堂5间，其中中间一间大堂内供设龙牌。川堂后设印务处5间，左设银库、更房各3间，右设松子、细鳞鱼、乾鱼等库4间。川堂前各按打牲角色分设采珠左、右翼八旗办事房各5间。中置仪门1座，仪门外分设东西捕鱼办事房各3间，大门为大间，门前设影壁1处。

该衙府系清朝内务府直属机构，"专为采捕本朝各坛、庙、陵寝四时供品而设"。据《打牲乌拉志典全书》记载，清入关前，当时后金统治者皇太极曾亲临打牲乌拉地方围猎和视察。随下特旨："乌拉系发祥之胜地，理宜将所遗满、汉旗仆原属，一脉相关，就在乌拉设署安官，即为一枝。捕贡兵丁，由京都总管内务府分司节制，不与驻防衙门干预。"这就是清朝在乌拉设立打牲乌拉总管衙门的由来。

乌拉地方在未设打牲乌拉总管衙门之前，仅设有管理乌拉地面的噶珊达（满语噶珊为汉译的乡或村，达是长的意思）。据考证，首任噶珊达迈图系满洲珲春人，姓傅察氏，今乌拉傅姓第五世祖。其第一世祖早居珲春，后放纳音河流域安家落户。至天聪三年（1629），迈图授为管理乌拉地间噶珊达后，迁于乌拉。顺治十四年（1657）将迈图放为六品总管。顺治十八年（1661），迈图卒，其子希特库由六品翼领放为四品总管。从此，乌拉地方设置打牲乌拉总管衙门府。

打牲乌拉总管衙门隶属内务府，对下分上三旗（正黄旗、正白旗、镶黄旗）和下五旗（正红旗、镶红旗、镶白旗、正蓝旗、镶蓝旗），实行一套具有独特政治、经济特点的统治方法。其统治机构由大至小，分三品总管、四品翼领、五品委署翼领、骁骑校、仓官、学官、笔帖式、品委署骁骑、章京、七品委署骁骑校、章京、委官、领催、珠轩达、铺副、打牲丁、铁匠、弓匠、仵作、五官庄领催、各庄头庄丁等。

打牲乌拉总管衙门掌管事宜主要是采捕东珠、蜂蜜、鲟鱼、鱼匕鱼、貂、松子、松塔以及协助驻守地方的官兵采参等。自康熙四十五年（1706）始增五官庄（今尤屯、张庄、蜂蜜屯、前其塔木、后其塔木）后，增加了积谷纲贡粮食一事。

图1-1 乌拉街旧貌

打牲乌拉总管自顺治十八年（1661）将原噶珊达之子希特库放为四品总管以后至宣统三年（1911）共计31任。清朝灭亡，将打牲乌拉翼领署改为打牲乌拉旗务承办处。

打牲乌拉的生活方式保留在打牲乌拉后人的记忆里，大量的民间故事反映了当时的生活状况，当然也有历史文献予以佐证。在腰哈什玛屯与西哈什玛屯居住着打牲乌拉后裔满族镶红旗呼伦瓜尔佳氏罗关家族，该家族自清顺治年间归附打牲乌拉协领衙门旗营当差以来，世代打牲丁，后转入农耕一直居住此地，繁衍生息，现已传18世。家族中出任协领大人一名叫双庆，人称"双大人"，故后葬于西哈村南，青砖封顶。三世祖那密达是打渔楼支，清有拔什库官职，康熙四十八年（1709）立满汉文石碑一座，现存放在"满族民俗室"。从打牲乌拉八旗子弟阵亡表上看，关姓阵亡人数在90%以上，大多数阵亡后只捎回一根发辫下葬。

关云蛟说，在清朝中期有开垦荒地解决食住问题的政策，打牲乌拉总管衙门经过御批设了五官庄，这5个官庄分别在前其塔木、后其塔木、张庄子、尤屯、蜂蜜屯，归内务府管。据关云蛟讲述：那时每个人有几头牛，耕种田地，解决打牲乌拉四五千人的吃饭问题。五官庄离松花江有十多里地，大多是漫岗，其中的空闲地，打牲丁可以开垦但不能租。我们的祖辈在乾隆五十六年（1791）开始种地，当时给了500垧地，不是耕种过的地，是荒地。我们种不了那么多地，就招租招佃，5年之内不要租子，5~10年收一半租子，10年以后正式收租。但是很多地没人种，一直闲着，到新中国成立时还有闲地，东甸子、西甸子都是放马、放猪的地方，到1958年以后才全部变成良田。

我们考察的罗关家族在九台市其塔木镇。据镇政府网站介绍，其塔木镇位于九台市东北部50公里，吉林市西北60公里，东部与舒兰市隔江相望，距舒兰市40公里，为三市（县）交汇处。陆路，西连九其公路，通过九其公路可与吉长高速公路、吉长公路北线、长春国际机场相连；北接其上公路直上102国道；南有吉其公路，直下吉林市。水路，横渡松花江，东通舒兰市，通过松花江航道，可上通吉林市，下达哈尔滨市，交通便捷，四通八达，是公路、水路交通要塞。其塔木镇在历史上就是军事重镇、商贸中心、兵家必争之地，显著的区位优势使其成为九台市东部的中心镇。其塔木镇面积为207平方公里，耕地面积11000公顷，其中水田面积5000公顷，有"一山二水七分田"之称。其塔木镇下辖17个行政村，1个街道办事处，总人口54000人。其塔木镇是吉林省确定的长吉农业生态带上的乡镇之一，土地肥沃、生态环境良好，是联合国粮食及农业组织确定的黄金玉米带；此外，还利用松花江灌区进行水稻生产，面积达5000公顷，形成了一条水稻生产带。

图1-2　冬季的其塔木镇

我们这个小组考察的地点是九台市其塔木镇刘家满族村腰哈什玛屯，因此地盛产哈什玛而得名，哈什玛是满语，汉语是"田鸡"。吉林省九台市其塔木镇刘家满族村是长春市民族事务委员会于2000年2月22日批复的我国目前第一个满族村，其地处松花江西岸，九台市区东50多公里，清代属打牲乌拉总管衙门五官庄辖区。因此处平坦低洼，蛤蟆种类繁多，清代为朝廷采贡过哈什蚂（即红肚的蛤蟆），故当地有三个自然屯落即以"哈什玛"为屯名至今。居松花江西岸是东哈什玛屯，现为莽卡满族乡东哈村所在地。往西2公里是腰哈什玛屯，属其塔木镇刘家满族村所辖的7、8、9、10共4个社区。再往西1公里是西哈什玛村。关云蛟说：在哈什玛屯，我们的童年少不了抓蛤蟆、捕鱼。腰哈什玛屯有小洼地，盛产哈什蚂。哈什蚂不是林蛙，比林蛙瘦，没有那么多油，好吃。林蛙肚子黄，哈什蚂发红。

图1-3 参加仪式的罗关家族部分成员合影

夏天不能吃哈什蚂,只能在冬天吃。用草帘子一搅就能捞出来,一天可捞上百斤。现在,冬天里有人把哈什蚂串起来卖,15元一斤;林蛙贵,15元还买不到一斤呢。后来,关云德把那个洼地变成稻田,那个泡子的水往北淌入他们家的泡子,生态就变了。

图1-4 腰哈什玛屯

祭祖的罗关家族所在的刘家满族村一共有6个自然屯,15个小队,8000多人,6个屯分别为西鲜、赵家、刘家、五间房、南窑、腰哈什玛屯,其中腰哈什玛屯有1000多人。腰屯一共分4个小队,关云德家住八队。刘家满族村满族人口达到40%以上。腰哈什玛屯老关家就有200多口人,还有其他满族家族。该屯内结为亲家的情况不多。现在村里的年轻人都在外边务工,四五十岁的中年人在家里种地。村里有刘家小学。刘家满族村一共有3个流动医生。

腰哈什玛屯里满族关姓居多,清代属于镶红旗,最早是在顺治年间落户打牲乌拉,繁衍至今。现在的村落格局历经朝代更迭、时空转换,早已打破历史上以血缘为纽带聚族而居的界限,转变为不同民族杂居的格局。腰哈什玛屯就是不同民族杂居的村落,不仅居住着满族,还有其他民族。其中汉族占了一多半,什么姓氏都有,都是从外地陆续迁入此地居住。经过简单的询问,我们了解到村里很多年来都没有发生过民族间的矛盾和摩擦,相安无事。经过几代人的混居,通过各种姻亲关系已经把屯里各家各户连接在一起,形成了错综交织的亲戚关系,难分彼此。

## 第二节 罗关家族史的各种记忆

罗关家族有3份关于本家族历史的记录,即记载在谱单、谱书上的谱序。

## 谱序一：

溯我关氏家族，头辈先祖乌达胡，并伊亲侄拉都胡原由长白以来，先到辉发择得界内窝集口子安居，以呼伦瓜尔佳氏为姓。乌达胡所生二子，翁萨、东萨。乌达胡故后，经其侄拉都胡带领翁萨、东萨，背负乌达胡骨骸，一并到乌拉，在旧街屯西北隅择地埋葬（四通碑）。

迄于顺治十八年（1661），拉都胡赴盛京办理文牍哈番差使。经盛京将军英寿副都统那穆采阅乌拉地面山环水绕，土地膏肥，堪以设置安旗，专司打牲一部。当经呈请奉准部咨遂执乌拉居住猎户挑选8名旗人8大户编联八旗，每旗拾放莫尔根一名为首领，责成各旗丁丹之职务。

其时拉都胡之子尔胡里拾放镶红旗莫尔根之缺，镶黄旗莫尔根拾放连谱山，正黄旗莫尔根拾放额勒齐布，正白旗莫尔根拾放武齐布，正红旗莫尔根拾放博齐奈，镶白旗莫尔根拾放遂明阿，正蓝旗莫尔根拾放萨达哈，镶蓝旗莫尔根拾放爱喜。所放八旗首领专司分配带领入山打牲差使。嗣由关姓内挑选数名，移拨拉林，列入蒙古西伯驻防。旗营当差，历传世代，永垂久远，不朽之尔。

头辈先祖乌达胡之子翁萨、东萨，乾隆五十四年（1789），翁萨分支于永吉县通溪莲花泡。东萨之子三辈，恩特（安泰）、古勒纳、那密达，由同治八年（1869）恩特（安泰）分支于永吉县三道岭子，次子古勒纳分支于哈什玛屯，三子那密达分支于永吉县打渔楼。拉都胡随龙入关进京。

## 谱序二：

太古三皇治世，五帝为君，自有人伦，肇生即位，宗族之兴，本本源源。承先人之德，生生世世，启后代之恩，人道之常，岂可忽诸。溯我关氏始祖，自长白山发祥以来，迄今250余年，移徙乌拉，开荒斩草，设置安旗，责成打牲进贡之差，历代相传，世世相授，未敢忽略。前车后鉴之旧辙，每逢辰年照例修注新谱一次，一报先人之本，二注后代之因，总教秩序不紊，尊卑不乱，承我先人之遗训也。今届修谱之期，年岁共议统计人数，合印谱书，编联名字。以至千百年后，不可稍有错讹辈行之虑矣。

**谱序三：**

尝闻草木尚有根源，为人岂无父母，有父母而有乃族乃宗，皆丕祖代之遗传，繁衍日盛。虽不敢称名门望族，亦有簪缨世胄者也。追详关氏宗谱注云，清朝起德于黑水，发祥于白山，既位于北京，绵衍于东土。所有扈跸前驱指挥旗鼓者，皆系满洲旗人。而保驾有功，分封乌拉八旗充差，赐赏此地而占居也。

迄今250余年，宗枝繁盛，瓜瓞绵衍，户至500有余，人丁数万口。宗谱均系满文翻清，似手掣肘，今逢修谱之春，宗族和衷商议，遵照宗谱，拟将满文造具汉字，排修谱书写就成帙，以备后代添续瞻览，一目了然，避免有误也。

此序的落款时间为清光绪甲辰年（1904）二月初二日（此序在民国十八年二月初九烧香时将满文改译为汉字）。

相比之下，谱序一对罗关家族的历史记述更多。

据罗关家族成员讲述，辉发部被努尔哈赤灭亡之后，先祖拉都胡背着叔叔乌达胡的遗骨，带着乌达胡的两个儿子翁萨、东萨，沿着松花江一路打猎，后于乌拉街定居，并将乌达胡的遗骨埋在了乌拉街附近的哈达山。有一年，拉都胡外出打猎，猎到了一只雪貂，这只雪貂改变了罗关家族的命运。

努尔哈赤灭辉发部的时候，乌达胡已经年老。乌达胡死后，拉都胡带着翁萨和东萨来到乌拉街，一边迁徙一边打猎。后来，拉都胡打到了一只白色的雪貂，就拿到了吉林船厂卖，人家搞皮货的商人，你去了身上带什么人家都知道。那个貂皮有什么功能呢，人一进屋身上一点雪花都没有。老板看见拉都胡身上没有雪花，就知道他带"大货"来了。老板就问："你这东西多少钱？"他没出声，也没说价钱，就躺在那炕上了。因为他不知道怎么要价。老板问一遍，他在炕上滚个身，老板问了三遍，他就在炕上滚三个身，俗话说躺了"三躺"。过去货论"躺"，一躺是三千六百两银子。老板说你这货我买不了。老板给他出主意，让他带着白貂到盛京将其献给皇帝。他照做了，后来皇帝赏了一个"文牍哈番"的官职。白貂是貂中的上品，后来皇帝就把打渔楼、前苇子、后苇子、三道领子都给了我们。我们原来住乌拉街旧街，后来搬到这里。①

乾隆五十四年（1789），随着翁萨、东萨两个支系繁衍人口的增多，一个大的穆昆分裂成两个小的穆昆。东萨支系迁到打渔楼、前苇子、后苇子等地居住。同治八年（1869），东萨支系的雅图支又从中分裂，形成我们今天所见的罗关家族组织形态。现今，这4个支系主要居住在九台市其塔木镇的南窑、北窑、西哈什玛、腰哈什玛和刘家窝堡屯，4个支系形成一个整体的穆昆，这个组织即是本书所描述的罗关家族。

在罗关家族的口述史中，人们对于祖先的讲述与谱序基本一致。关云蛟是罗关家族的知识分子，他介绍：

顺治初年，由拉都胡带领族人从辉发界内窝集口子迁到乌拉，当时称普塔海噶山，今称乌拉街旧街。拉都胡即是始迁族长（穆昆达）。到了康熙朝时，族长拉都胡因年老体衰，经族人商议，由族中莫尔根（指贤人、智者、善猎者）尔胡里（拉都胡长子）担当族长。

尔胡里是当时乌拉地面公认的莫尔根，在顺治十八年（1661）打牲乌拉总管衙门成立狩猎八旗时，被捡放镶红旗之缺（任首领），并兼任族长。

罗关家族从辉发界内窝集口子迁到乌拉时长辈共有3人，即拉都胡、翁萨和东萨，他们为一爷公孙（同一祖父），翁萨和东萨为同父兄弟。罗关家族是当时乌拉地方较大的家族，被称为八大户之一。长支（尔胡里）受命从戎入京。翁萨、东萨两支留下，仍从事采贡，隶属打牲乌拉总管

---

① 访谈对象：关云德，男，64岁；访谈人：孟慧英、于洋；访谈时间：2013年1月6日。

衙门。

乾隆五十四年（1789），翁萨支系根据采贡需要迁徙到通溪、莲花泡两屯（今吉林市昌邑区九站乡通溪村），并另立家谱。同治八年（1869），东萨长子恩特后裔迁于三道岭子（今九台市莽卡满族乡苇子沟村），次子古勒纳后裔迁至哈什玛屯（今九台市其塔木镇西哈什玛屯），三子那密达迁至打渔楼（今吉林市昌邑区土城子乡鱼楼村）。此时，虽分居三地，但家谱仍是一个，族长一人，由长支恩特居地苇子沟村为核心，共同举办烧香祭祖。每年正月初一，各支必须派人到苇子沟村拜祖宗，烧香敬祖，违者，族长可鞭打。居于哈什玛屯的罗关，由于路远、雪大，路不好走，去得迟了，常受到处罚，故此，哈什玛屯罗关人乘其不备，将祖宗匣子强行用车拉走（拉到腰哈什玛屯）。从此，各地分别立祖，各有各的族长。

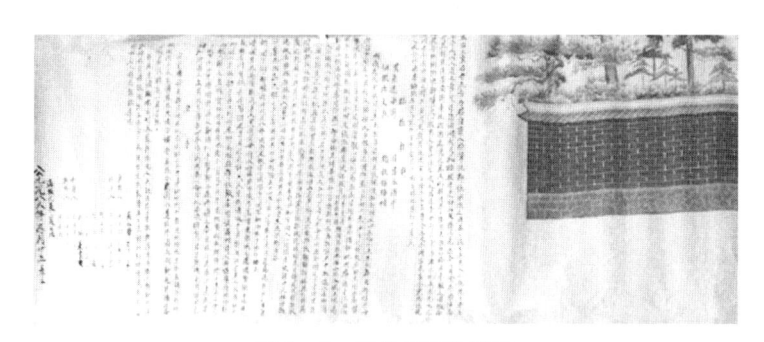

图1-5 谱单前面的谱序

哈什玛的首任族长为金奇显。金奇显当时任百家长（村长），官衔为骁骑校；二任族长阿克都春，是百家长；三任族长为庆绥，是屯长；四任族长为关云龙，是屯长；五任族长为关凯；六任族长为关云毕（腰哈什玛屯）、关云堂（西哈什玛屯）、关长昆（东窑屯）、关云曲（刘家窝堡屯）4人。关云毕为总族长，其故后由关云堂（西哈什玛屯）接任；关云堂故后，2012年年初定为关云久。

像满族很多族姓一样，罗关家族也有按辈分排行的取名传统。按照满族镶红旗瓜尔佳氏罗关辈分诗所载：

11

图1-6 关云堂和关云久在吃小肉饭

打渔楼支、苇子沟、通溪支、哈什玛支瓜尔佳关姓（罗关），取五言四句格，中东辙韵，计20个字，依次排行，务要遵守，不得任意命名，以乱次序（笔名除外），可循环使用。

**福禄祯祥**

云长连海瑞，国富永清平。
继振兴文广，鹏程显圣明。

此辈分诗是光绪年间吉林乌拉地区7户关姓穆昆聚会吉林市牛马行亚春发大酒楼和衷共议拟定的，各户关姓，同姓不同宗，辈分诗也各不相同。罗关（包括通溪、打渔楼、苇子沟、哈什玛屯）家族是同宗，共用此辈分诗。[1]

罗关家族的祖上墓地在邱家村，是一个周围环山，中间有个凸包的地

---

[1] 关云德、关长尧：《罗族关氏宗谱志》，1999，第10页，内部资料。

方，只有往南是平地。老关家人曾经看到在那个地方有蛇和野鸡打架，风水先生说，那是个龙凤之地，四周的山脉和中间的凸岗犹如二龙戏珠。在此处西侧埋着头辈先祖乌达胡，墓里只有牌位、影像；乌达胡原葬于乌拉街旧街，由于涨水把墓冲走了，移葬到这里。中间是第二代祖先拉都胡，东边是二代祖先东萨，他们两个人的尸骨都埋在此处。另一第二代祖先翁萨随龙入关，没有葬在此处。

关云德说，乌达胡埋在哈达山，拉都胡和东萨原来埋在四通碑，后来起坟埋回到这里。罗关家族成员都愿意把死去的亲人埋在祖坟里，家族萨满关云刚去世后也埋在这里。关云德说：前几年我到祖地上坟，看西哈很多人在那里为死去的人立碑，但却没在老祖先坟前烧纸。我就说：你们上坟应该给老祖坟烧两炷香！你们就知道往祖先旁边埋，为的是要升官。我跟长玉说，咱们要立祖碑。我们合计向长春市财政局申请，后来批给我们4万元，一部分用于修缮漏雨的民俗室，剩下的用于给祖宗立碑。我们上蛟河拉的石料，请石匠来到家里刻碑，一共刻了3个碑，为祖先立碑的愿望终于实现了。

图1-7 为祖先立碑

根据罗关家族的谱序和家族成员的口述，该家族的历史有这样几个明确阶段：

头辈先祖乌达胡曾在辉发部定居，以呼伦瓜尔佳氏为姓。

二辈祖先拉都胡（乌达胡之侄）到乌拉街开始打牲差事。

乌达胡之子翁萨、东萨，由乾隆五十四年分支别居。

东萨之子恩特（安泰）、古勒纳、那密达，由同治八年分支别居。其中长子恩特（安泰）住在永吉县三道岭子，次子古勒纳分支居住哈什玛屯，三子那密达居住永吉县打渔楼。

进行此次祭祖的罗关家族是次子古勒纳之子雅图的后人，雅图有5子，除长子无嗣外，其余4子的后代就是罗关穆昆的四大支人。

此外，罗关的祖先墓地在邱家村，埋葬着罗关穆昆的第一代和第二代祖先以及他们的后裔。

## 第三节　罗关穆昆组织与祭祀活动

穆昆是满族传统社会组织的名称，早在满族的先世女真人建立金国时就设立了猛安谋克制度，猛安谋克组织作战时就是军事单位，平时为行政机构，是一种军民合一的行政组织，类似于清朝时的八旗制度。"穆昆"就是"谋克"音译的汉字不同转写，关于穆昆的称谓和解释在历史文献中多有记载，《满洲源流考·国俗》条，"穆昆"注曰"满洲语族也"；《金史国语解·职官》条，亦作"族也"；而《钦定金国语解》曰"谋克百夫长也，谋克即墨由克，索伦语谓乡里为墨由克"；在《御制清文鉴》中对穆昆的解释是"同姓兄弟称为族"，也译作"氏"。

当代学者富育光指出，穆昆是"一个氏族组织，很原始很初级的血缘群体，是为生存、生产以及种族的繁衍集合在一起的组织。在这个组织当中，人们平等相处，没有财富上的贫富之分"。穆昆达则是"在氏族组织的基础上产生的，具有凝聚作用的领导人"。他同时指出，穆昆达这种角色必备的条件是：第一，由氏族选出，威望最高，众望所归，生活经验丰富；第二，生产技能高于他人，生产积极性高，帮助成员创造和夺取生产资源；

第三，多数穆昆达还兼任萨满，和神职祭祀相关，主持祭祀等。前两条是必要条件。

宋和平先生指出，穆昆是一种氏族组织，是以血缘性质为主的组织，但是穆昆中已经包含了地域因素。穆昆达则是这个氏族组织的领导者。萨满教尤其强调氏族性，比如各个姓氏都有各自不同的神灵，不同姓氏之间的神灵是不能越过自己的姓氏而发挥作用的。①

穆昆的族规、族训是必不可少的，罗关家族1994年的族规、族训是这样规定的：

**哈什玛屯"瓜尔佳氏罗关"家（族）规**

一、遵守旧例，每逢龙虎年敬修宗谱一次，以希本固支荣。每次修谱，均将族中大事记载下来。

二、凡我关姓，一律延用本族"尊卑歌（诗）"20个字，依次排行，不得任意命名，以乱次序。

三、凡本族关姓男儿，赶上烧香祭祖（一般12年一次），均可上谱。如有过继、顶支的，可在续谱时双方到场。

四、各支族长（穆昆达）掌管合族兴革事宜及一切事务。

五、定于每年古历正月初十日召开各支穆昆会议，若逢寅、辰年，可提前开会，布置续谱烧香的准备工作。

六、各屯穆昆达、萨满，务于每年的正月初十日到祭祖堂子焚香叩拜。本屯罗关家族人在每年的三十晚上，大年初一日，都要到祭祖堂子焚香叩拜。平时遵守族训，遵纪守法，扶弱济贫，共同致富。

七、祭祖神器，除非有烧太平香，经本族穆昆达同意，方可一用，任何人不准随意乱动。

八、凡我罗关族人，都要参加祭祖仪式。所需费用资财，照拿不误。如有不愿捐款者，可在祭祖时清理门户，开除族籍，不认族人。不交款者不上谱。

---

① 苑杰：《满族穆昆与萨满教——以满族石姓为例》，民族出版社，2012，第11页。

九、凡我罗关族人，不论工作何地，回乡探亲祭祖必须到祖爷前焚香磕头，以表不忘祖宗根基。每到龙虎之年，要和家族联系烧香事宜，届时资助参加。

罗关家族订<br>一九九四年二月十日

**族训**

祖上以来皆以渔猎耕读为业，勤俭持家，教训子孙，旗营当差，忠心报国。睦族教宗，恤孤济贫，在家以孝悌为本，出外以礼让为先，亲厚九族，和睦乡里。又宣廉耻自操，切勿触犯律条。特定"六要、六勿"，望关氏子孙遵照执行，方觉光耀门庭，则祖上之训教，亦云至矣。

要孝亲。劬劳之恩，极罔难报，养生送死，各尽其道。
要敬长。长幼有序，详于经典，隅生随行，古训是戒。
要祭先。祖德宗功，念昔先人，忌辰是荐，洁乃芯芬。
要睦族。叔伯兄弟，皆吾同宗，恩明义正，谆此古风。
要耕读。学圃学稼，谭诗说礼，箕裘相承，克肖家子。
要勤俭。生财有道，开源节流，淡泊自由，早夜以求。
勿比匪。亲身为恶，君子下人，与之同居，有损无益。
勿戏谑。戏言戏动，狎侮必生，积渐成习，是为恶风。
勿斗狠。小忿不惩，忘及其身，以危父母，不可为人。
勿凶饭。荒饭于酒，废事失时，禹有明训，尚其戒之。
勿赌博。终身局戏，伤于家室，千金产业，只在一掷。
勿宿娼。无耻娼妓，非人所亲，凡我同姓，漫与为辟。

编谱委员会订<br>一九九四年二月十日

现在，这些族规、族训在族众的日常生活中，在家族成员乃至邻里之间的相互沟通中，都或多或少发挥着作用。

按照满族传统社会组织、习俗的延续，在九台市近属的满族聚居区里，仍然有属于自己的民间权威——穆昆达，他们作为民族文化的代言人，组织全族祭祀祖先。

罗关家族的穆昆达不是世袭，而是经过若干年由各地族人召开家族的穆昆会议选举产生的。被选出的穆昆达德高望重，办事公道，深得族众信赖。

图 1-8 老族长关凯

罗关的第 5 任族长关凯出生于 1912 年，30 多岁起担任家族的穆昆达，直到 1982 年去世。关凯在世时，除了主持家族的祭祖活动，也负责协调组织家族成员的日常生活琐事，买房子、典地、兄弟分家、夫妻失和，他都出面协调，方圆百里有很高的知名度。

与乌拉地区的其他满族家族相似，罗关家族的萨满信仰及其习俗活动在"文革"期间也曾遭到摧毁，经历了一个消歇过程。面对外来压力，罗关家族的穆昆达（族长）关凯老先生仍将家族的祖爷匣子和神器保留了下来，并存留至今。据罗关家族成员回忆，穆昆达曾经两次在关键时刻保护了家族的祖爷匣子及祭祀神器。在 1948 年的"土改"中，罗关家族的祖爷匣子和祭祀神器在当时的地主关瑞家里①，被当时的工作队当成分产物品抬到农会，时任穆昆达的关凯找到了工作队的领导，说明祖爷匣子和神器不是属于关瑞家的私有财产，而是罗关家族的公共财产。在关凯的协调下，工作队领导同意将祖爷匣子和祭祀神器归还罗关家族。

"文革"破四旧时，红卫兵挨家挨户地翻，将当时被视作"封建迷信"的家谱、祖爷匣子和萨满神器统统没收并毁掉。在这一过程中，该地区的一些满族家族将自家的家谱和祖爷匣子等物都上交了。当时，有的家族成员害怕承担政治风险，要将本家族的这些物品交出去，该举动遭到了穆昆达关凯的反对，他对家族成员说："这些东西是咱们老祖宗留下来的，不能交出去，我不怕。"于是，关凯冒着风险，承担起了保护家族祖爷匣子和祭祀神器的重任，他和家族的锅头关云闪将这些东西藏到了高粱地里，后来因怕阴天下雨对器物有损坏，又转移多处，待"运动"过去之后，他将祖爷匣子和祭祀神器藏于自己的家中。1982 年，关凯先生去世，祖爷匣子和祭祀神器转由其四子关云德保存，延续至今。

1986 年，时任家族穆昆达的关云毕主持了家族的"烧官香"以及 4 个小萨满的"学乌云"活动。1988 年，关云德主持家族萨满的"抬神"活动。1998 年是虎年，关云德为了主持家族"烧官香"活动，到长春去"敛钱"，拜访了家族成员关长玉。在关长玉的帮助下，罗关家族与长春电视台合作，录制家族的烧香活动，电视台的赞助作为家族的烧香费用，减轻了族人的负担。随后，关云曲给有关部门写报告，将罗关家族所在的九台市其塔木镇刘家村申请为"满族村"。2000 年，罗关家族的"堂子"正式建成。

---

① 罗关家族用于祭祀的"堂子"于 2000 年建成。此前，祖爷匣子放在承担祭祀活动的家户中，待有下一个家户需要祭祀烧香时，由该家户的男主人到上一个家户中将祖爷匣子请回。在将祖爷匣子请回自家的途中，男主人需将祖爷匣子，抱于怀中，处在人前。在途中，如果与他人相遇，他人需要主动让路，让祖爷匣子先过。作为家族的公共圣物，祖爷匣子曾在罗关家族的各家户之间流动。2000 年罗关家族的"堂子"建成以后，祖爷匣子和家谱被安放在其中，从此有了固定的祭祀场所。

第一章 打牲乌拉出身的罗关家族

图1-9 现任族长关云德

图1-10 20世纪80年代关云德与家族成员进行祭祀

为祖先神建堂子在当地满族中是一件很了不起的事情。为了修建这个专门祭祖的堂子，1999～2000年两年间，关云德奔走于长春、九台之间。2000年罗关家族成员在长春国际饭店召开会议，一致同意建这个公共祭祀用的堂子屋。关于这次会议还形成了会议纪要，纪要说：

> 2000年2月20日，在长春召开了其塔木镇罗关家族在外地人员联谊会。刘家村、西哈村在长春、吉林、九台的本族同胞及家乡代表共20余人参加了会议。长春市民委王主任、金处长和九台民委金科长应

19

邀出席了会议。

会议由关长玉、关长福主持……关长玉讲：这次会议是由关云德、关长福、关长祥、关连久、关连平和我本人共同发起的。这次会议主要研究（一）修建罗关家族祠堂集资问题；（二）今年龙年是否烧香的问题；（三）建立刘家满族村，帮助家乡建设问题；（四）修改上家谱办法。

会议经过讨论，决定了如下事项：1. 一致同意大家集资今年修建祠堂，改善家谱存放条件。2. 一致同意今年龙年烧香。3. 同意今后女孩可以上谱。4. 提议刘家村改为满族村。5. 倡导罗关家族在外人员要为发展家乡的民族经济做出自己的努力。

在家族会议的推动下，2000年开始盖房，地址选在关云德家老宅房址。在这个过程中，吉林国际合作公司董事长关长玉和长春市人民检察院检察长关长福起了很大的作用，出力最大，捐款也最多。堂子建成后，家族的"家谱"和"祖爷"告别了在各家各户轮流存放的状况，有了固定的安放处，家族成员也有了固定的祭祀、议事公共空间。

图 1-11　堂子落成典礼

第一章 打牲乌拉出身的罗关家族

图 1-12 罗关家族的堂子

图 1-13 堂子内部

图 1-14 堂子进门处

图 1-15 堂子外间

图 1-16 萨满和鼓手在堂子内练习击鼓

作为一个家族的穆昆达（族长），要以身作则，在全族中起到模范作用，要为全族事务操心，关云德认为这是应尽的义务和责任。虽然现在族长不如从前有影响力，但罗关家族的人有事情还是会先来找他商议，发生家族、家庭纠纷的时候都是先找族长协调，如果实在不行再采取行政手段。

探讨办谱祭祖仪式的相关事宜时，从关云德严谨认真的态度，可以看得出来，这件事在他心里有多重的分量。在处理村落事务时，家族的影响力仍以各种方式表现在村落的权力结构中，族长作为隐含的族权代理人，在协调各方利益和维护家族团结、凝聚家族力量方面发挥着重要的作用。

每次祭祖办谱之前，族长都要召集各支穆昆达开办谱会，安排好专人负责具体事务，摊派采办各项用品和整个活动的费用开支等事项，通知各支所属之人办谱日期和应承担的义务等。

例如下面这张1998年2月2日的满族镶红旗呼伦瓜尔佳氏罗关家族祭祀活动的组织表①：

| 萨满 | 云东、长雄、长纪、连富 |
|---|---|
| 锅头 | 云多、云闪、长旭 |
| 神鼓手 | 云曲、长昆、云德、长德、长太、长生、长伟 |
| 抬神鼓手 | 云久 |
| 穆昆达（总） | 云必 |
| 穆昆达（分支） | 腰屯：云德，刘家：云曲，西哈：长洪，东窑：长昆 |
| 写谱人员 | 云德、长德、长纪 |
| 财务管理组织 审批：云德，会计：长纪，出纳：长吉 保管：云春 | |
| 烧香祭祖分工表 祭词：云德，司仪：长双，伙食：长昆，总务：云曲，娱乐：长双，治安：长伟、长生、长权、连贵 | |

从这张组织表可以看出，整个家族对祭祖活动都要全力以赴，穆昆组织会议对每个环节、过程都有详细而周密的安排，接待、后勤相互协调工作、分工明确、各司其职。关长德先生热心家族事务，在1998年的祭祖活动中也担当重要的职务，作为家族事务管理的核心成员发挥了很重要的作用。

穆昆达作为民间组织的领导人，在民间自发组织的祭祖活动中能发挥

---

① 关云德、关长尧：《罗族关氏宗谱志》，1999，第8页，内部资料。

重要作用，同时也是展示自己领导才能的绝佳机会。2012年，为了让更多族人知道家族的祭祖活动消息，关云德把办谱祭祖的事情早早发布在几个网站上，其中包括"九台市网站"、"吉祥满洲"等几个满族文化网站。罗关家族成员主要分布在其塔木镇的西哈什玛、东窑、腰哈什玛、刘家窝堡屯4个地方，各分支的穆昆达为关云曲、关长旭、关长昆和关长生。关云德和几位分支穆昆达商讨后，决定于2012年正月初二亮谱，正月初七烧香（祭祀）。家族会议结束后，几位穆昆达负责通知各自负责区域的家族成员参加烧香祭祀活动，并统计罗关家族自上次烧香祭祀活动以来的已故成员、新出生成员数目。需要说明的是，这次会议同时决定，罗关家族新出生的女孩也可以上谱。由于罗关家族有一定的公共积蓄，加上外界的赞助，几位穆昆达决定这次烧香活动不从户下"敛钱"，但可自愿捐赠。

穆昆达作为组织者、管理者、领导者也要接受大家的监督，整个祭祖活动的前前后后都会有人评头论足，因此责任重大。关云德的上一任穆昆达就因为在操持祭祖活动中没有很好地处理各种人际关系，财务上也不透明，有中饱私囊的嫌疑，被族人所诟病，自动辞去穆昆达职务，后选举关云德接任。

图1-17 关云德在现场进行指导

## 第一章　打牲乌拉出身的罗关家族

如今的穆昆会议并非以穆昆达的权威作为象征，它更像一个生活交流会，或称家族联谊会议。

第一天祭祖的晚上，罗关家族代表在关云德家召开了家族的小型会议，主要参加人员是关长玉、关云蛟、关云德，还有一个从长春赶来参加祭祖的企业家，关云德的家人也参与了讨论，但没有坐下，只是站在圆桌的外围，偶尔插几句话。

首先，关长玉对这次活动的前期准备工作给予了肯定，对今后的工作提出了几点意见。

关长玉说："大家都在为家族做贡献，现在取得的成绩已经不错了，但我们不能满足于这个，还要改进，越改进越好，是不是？改进哪些地方，我们也议论一下。我们这几个哥们研究一下。咱们的组织接待工作还要改进一下，建立一个小组，你（关云德）也得挑头了。东哈、西哈这些地方也都招来，有什么事儿都共同研究，每次烧香之前都开会研究，费用怎么搞，形式怎么搞，怎么样能够搞得更好，是不是？任何一个机构都要有一个组织，这样便于研究、便于改进工作。我今天讲这个，代表我们几个哥们的意见，他们也来了，我讲完你们再说一说啊。另外，这个组织司仪很重要，你看今天你也指挥、他也指挥，有时候就有点乱。这个司仪有一个也好，两个也好，三个也好，轮流值班，今天如果你负责，别人就不要乱指挥了，有司仪有组织，这是很重要的一条。"

"第二条就是接待，要有接待小组。每次祭祖我们要请客人来，包括宣传媒体、上级领导部门，怎么把他们接待好，人家来是帮我们宣传的，要热情接待，包括食宿，给他们的采访提供方便。这是第二条，再一条呢，工具上要用喇叭，给司仪用，买个喇叭，钱也不多。"

关云德插话："咱不是没那个条件嘛！"

"没条件创造条件。这一条，再一条，蒸米、做打糕也是一个重要内容，过去不是这么讲究，现在社会经济发展到这个程度，文明程度也提高了，比较讲究，桌子要好一点的，打新的，钱不够吱声儿。再一个呢，擦桌子抹布一定要用新手巾，不能用旧抹布。这些你（关云德）都要记住。霆米期间打鼓，但做打糕时就没有击鼓。这时放些神曲也好。总之，气氛要热烈，哪怕在外边敲打鼓也可以，总要有点气氛。另外，鼓点能不能改改，总一个点，当……当、当，要改进，大家听见以后，感觉新鲜，振奋人心。"

关云德："你要早点来，这回不就改进了嘛！"（众笑）

关长玉："怨我了，来晚了。再一条，来的外宾，包括媒体都要有个牌。人多的时候，往屋里挤，都挤也不行。"

关云德："明天有牌的进屋，没牌儿的不让进屋。"

关长玉接着说："另外一个，服装也要改进。人家一看服装很新颖。锅头的服装这回感觉好多了，过去穿白大褂。好的要发扬，有些地方要改进。账目清楚，捐钱的都记下来，到时候公布。"

"这次环境布置得不错，该贴横幅就贴横幅，该挂彩旗就挂彩旗。"

关云德："彩旗是跟学校借来的，现在国家重视。"

关长玉："过去那时候烧香啥样啊，太寒酸了！那个小土房，想要请人照相都进不来屋。"

关云德："俺们家族一烧香，这些小年轻真都过来帮忙，干这干那的，能干啥都伸手。"

关长玉："光这么伸手不行，得有组织，有任务。"

关云德："这回又培养了四个锅头，老锅头都70多岁了，干不动了，这会又选出4个，这得他们愿意干，这个活埋汰呀！煺猪啥的，我给整了一人一副套袖，一人一条围裙，省的埋汰衣服。"

关长玉："将来吧，都得有点报酬，咱有钱了。"

关云德："那事儿不能打这个底儿，打底儿都要报酬了。家族的事儿就是义务，不能打这个底儿。咱这钱来的都挺不容易，谁挣钱也不容易，都要付出一定的艰辛。咱不让他摊钱，就是最大的照顾了，这就不错了。义务干他们也愿意干，咱有钱的拿点，没钱的就拉倒了。"

旁边有人问："这次经费怎么筹集上来的？"

关云德："这次不是维修房子，长玉、长富他们给整的钱嘛，连给老祖宗立碑，做秧歌服，还剩一万多块钱，这回没让大家摊钱，家族

## 第一章　打牲乌拉出身的罗关家族

有人回来再捐献点，这些考察学者的再资助点就够了。有的来上谱，还交了三百、二百的。"

关云德："这次单有立账的，有出纳员、会计。以前，不是有收完揣兜不吱声，最后算账时没有了，人家说，来了的人，不能不拿钱呀，这不就整出不好来了嘛！我经手的我都上墙，谁交给我都上墙，这样他说不出啥来。咱们不缺这钱，我卖一张剪纸就好几千块钱，能扯这事儿吗？"

关云德老伴儿说："某人还说，关云德这回不发财了嘛！"

关云德："他们爱说啥说啥，咱们走得正。"

关长玉："挣这钱的话，老祖宗也不让。"

关云德："我72年入党，公社让当书记我都没干，我宁可出大力，我个人干去。"

关云蛟说："我接着谈，第一个就是我们搞这个活动，成立一个罗关家族烧香祭祖领导小组，穆昆达负责领导小组常务工作，再吸收其他成员，因为四个屯子有四个穆昆，有四个萨满，有一个总穆昆，总穆昆主持全面工作，由他发起召集小组成员来开会决定相关事情。这个领导小组可以是临时性的，在举行重大活动的时候，这个小组就启动。再一个，成立一个协会或研究会性质的组织，名称可以再商量，由它来组织日常的各种文化活动，选出来领导，这个领导必须是满族人，以后所有的活动以组织的名义来进行，写出章程，在民政部门登记。国家有条例，按这个组成，受法律保护。"

关长玉："这个还要再推敲一下。"

关云蛟："我再说下一个问题，开展旅游文化项目，我们屯属于乌拉文化圈，乌拉文化圈最大的优点，是清代唯一给皇族提供贡品的基地，老常家也好、老石家也好、老杨家也好，都是这圈里的人。我们镶红旗的旗主尔胡里是我们老关家，老关家是那时狩猎的头领。为什么我把事儿说这么大，发展旅游要形成一种气候和一个大环境。现在满族文化最突出的也是最大的亮点就两个，一个是萨满文化，一个是鹰猎文化。现在打渔楼养鹰的就有60多户，我调查过，如果我们村有

60多户就可观了,到时候开会都架着鹰来,玩鹰(众笑)。发展旅游,应该看到前景在这儿。"

图1-18 家族会议

从罗关家族办谱会议可以看出,穆昆达处理家族事物时没有绝对的权威,更多时候,家族内部事物都是在穆昆达主持下,众人合议,穆昆达只是在其中协调各方的意见和利益诉求,尽可能争取到更广泛的赞同意见。罗关家族组织制度结构比较松散,对族人还没有形成很强的约束和管制,其团结性和凝聚力只限于祭祖仪式当中。对此,族人可以按照自己的好恶决定参加与否,支持的力度也因人而异。因为办谱对普通人的意义或许没那么重要,也不能给他们的现实生活带来多大利益,因此,部分人参与的积极性不高。

## 第四节 家族祭祀的各项准备

每一次"办谱烧香",穆昆达以及家族成员在这一年的年初时就要开始准备了。首先要提及的是祭祀所用的"神猪"。据罗关家族成员介绍,在祭祀之年的前一年,穆昆达就开始选择祭祀所用之猪,然后加以圈养,精心饲养、不准打骂。所选的猪必须为黑色、无杂毛的公猪,在民间又被称为"正儿"。另外,猪的体型、鼻子长短、耳朵的大小都要符合要求,以免神灵对献牲不满。2012年，罗关家族在烧香祭祀过程中，所使唤的猪并不是罗关家族自养的，而是从外面购置的，对此，罗关家族成员做出这样的解释，由于目前家族成员多外出打工或者是种地大户，没有更多的时间精心喂养猪，所以只能就近到养猪专业户那里购置。不过，在购置神猪时，有一个不成文的规定，就是不准讨价还价，卖方要多少钱，买方就要出多少钱。这表示族人敬重祖先。

图1-19 祭祀用猪

除了准备"神猪"之外，在祭祖仪式上献祭的还有"打糕"。制作打糕一般用大黄米。过去，乌拉街周围的满族人家都种谷子，人们在秋收之后将颗粒饱满光泽的大黄米精心挑选出来储存，留待祭祖时用。如今，罗关家族所在地域一般多种植水稻、玉米等，所以，这次祭祀活动中所用的大黄米也是从外面购置的。

满族"办谱烧香"，年息花很重要，整个祭祀过程都要燃年息香。年息花又名映山红或杜鹃花，在九台地区的矮山上随处可见。长期以来，当地的满族人形成并传承着关于年息花的民间歌谣：

今儿腊七，明儿腊八；
上山去采年息花；

腊七采、腊八栽；

正月初一把花开；

红花开、粉花开；

花香飘满敬神台。

　　罗关家族的穆昆达关云德介绍，"办谱烧香"前一年的农历七月初六，他会亲自到山上采摘年息花，之所以在农历七月初六采摘，是因为农历七月初六以后，年息花就会落上鸟粪或者是被虫子蛀了，不适宜用于敬神。年息花采回之后，不能放在烈日下晒，要放在阳光少的地方阴干。在阴干的过程中，人们不能从上面跨过去，这些禁忌都要遵守。阴干之后，将年息花放在"香碾子"里面碾碎，制作成香，就可以在祭祀中使用了。

图 1-20　农历七月初六关云德采年息花　　图 1-21　关云德在制作年息香

　　每一次烧香前，穆昆达和萨满都要检查一下家族的祭祀神器（包括神鼓和腰铃）是否有破损或缺失，如果发生上述情况，萨满还要做鼓、做腰铃。如果在祭祀的过程中神器损坏，家族成员要及时修补，以便祭祀活动顺利进行。

　　关云德感到欣慰的是，罗关家族中祭祀用的老器物比较全，包括祭祖神匣、腰铃、抬鼓、抓鼓，还有部分神案上的供器。平时腰铃、鼓都放在箱子里，不能随便拿出。腰铃满语为"sisa"，有铜质和铁质之分，制作时在模子上裹成喇叭筒的形状，筒底部焊接小圆环，用皮绳把这些金属喇叭筒系在皮腰带上，共 32 枚，2 个为一组，重量达三四十斤。萨满跳神时主要通过腰部的力量，用甩、摆、顿、颤、摇晃等动作，使腰铃发出时急时缓有节奏的声音，寓意萨满上天入地之时，穿云钻雾，挟带风雷之威。手鼓又叫抓鼓，分男手鼓和女手鼓，女手鼓满语叫"untun"，男手鼓满语称为"imcin"，鼓面一般蒙以羊皮或牛皮。神鼓上面一般没有装饰图案，为单面鼓造型。鼓属于敲打震鸣乐器，是人类历史上最早发明的乐器，具有召集、召唤的功能。据说萨满作法时，妖魔鬼怪闻听其声，便会惧遁而去。萨满的击鼓手法也很复杂，有碎打鼓、转鼓、煽鼓、飞鼓、滚鼓等技法，每种手法的运用都会产生不同的音响效果，与身上腰铃的撞击声产生合奏，此起彼伏，具有强烈的艺术感染力。老一辈的满族人一听到鼓声就知道在放什么神。

图 1-22　祖爷板上的祖爷匣子

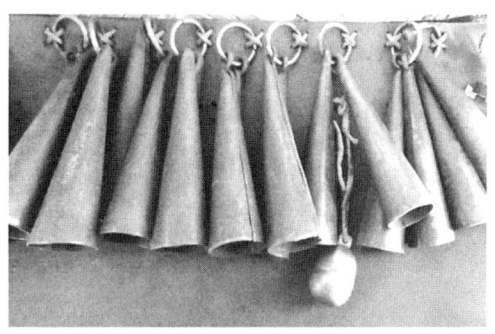

图 1-23　萨满腰铃

图 1-24　抓鼓

图 1-25　抬鼓

图 1-26 萨满铜铃，俗称晃子　　图 1-27 萨满神帽

图 1-28 萨满帽　　图 1-29 年息香炉

图 1-30 其他祭祀物品

在我们所调查的罗关家族中，制作萨满神鼓和腰铃的技艺被传承了下来，到关长宝这里，该技艺已经被传承到第十四代了。关长宝的爷爷关凯继承并延续下制作神鼓和腰铃的技艺，并在去世之前将此技艺传给其四子，即关云德，关云德又将此技艺传授给自己的儿子关长宝。

在这次祭祀前一年的9月，关云德父子就开始制作祭祀用的神鼓。整个做鼓过程如下。

**砍藤子** 藤子学名为"圆枣木"，每年九、十月间是藤子长势最好的时候。关云德告诉我们，此时长白山上的藤子特别软，是选藤子做鼓的最佳季节。罗关家族这次祭祀烧香做鼓所用的藤子是从上营子林场取回来的。2011年9月，关云德带着家族的萨满到了上营子林场，放鞭炮后，家族的萨满击鼓拜祭长白山神。然后，关云德先生扔出了一个带尖头的木棒，按照关云德的说法，这是一种占卜的行为，木棒的头朝向哪一个方向，他们就要从哪一个方向进山寻找藤子。

图 1–31　砍藤子

这次挺顺利，罗关家族成员进山没多久，就遇到了藤子。他们砍了一条笔直不拧劲儿的藤子带回家中，因为只有直溜儿的藤子才能用来做"鼓圈"。此外，选藤子时，对藤子的粗细也有一定的要求，一般多选直径一寸多一点的藤子做鼓圈，因为只有这样的鼓圈做出的鼓在敲击时才不震手，同时鼓的声音也好听，做鼓圈的藤子不宜太粗或者太细。

**围鼓圈** 藤子砍回来之后是特别柔软的，要趁其在没干之前就将其均匀地劈成两半，然后做成鼓圈，晾干。关云德告诉我们，过去不用尺量鼓圈的直径，而是以一个手掌为单位（称为"拍"）来测量，一个鼓圈的直径在5拍到6拍之间。这样大小的鼓，敲击起来声音才会好听。

图1-32 劈藤子

"过去都使用一尺六（直径）的鼓，要不就论手量，一般得五六拍。现在鼓都小了，过去鼓大，鼓大声好听啊，鼓小，音发脆，鼓大是嗡嗡的声。藤子粗细必须到一寸二三的样子，如果要是用细的藤子做，那打鼓时，就会震手。"[1]

---

[1] 访谈对象：关云德，男，64岁。访谈人：孟慧英、于洋。访谈时间：2013年1月5日。

做鼓圈时,先将藤子破开,平的一侧朝外,圆的一侧朝内,围成一个鼓圈。其中,接口处磨出"斜茬",并用胶黏合。这样,鼓圈就制作完毕了,可以放在他处晾干。

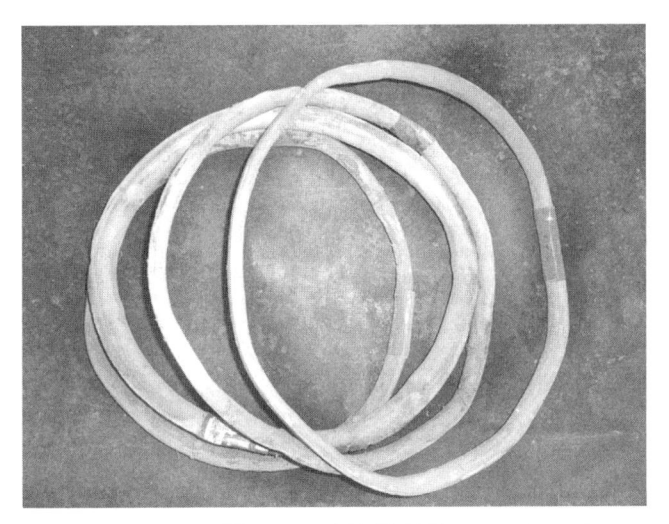

图 1-33 围好的鼓圈

**蒙鼓面** 待鼓圈晾干之后,就可以蒙鼓面了。过去,罗关家族蒙鼓所用的动物皮张多是从长白山中猎获的。在捕猎前,萨满需要敲鼓祭神,凡参加捕兽者都一起参加祭拜,占卜确认方向之后,族人按照此方向出发,凡是遇见小的动物如兔、刺猬、狐、狸等略过,遇见其他体型较大的动物就被视为是神灵赐予的神鼓皮张,猎取时绝忌伤到动物的毛皮。据关云德介绍,罗关家族过去的神鼓多以鹿皮为主。

动物皮张取回之后,放到石灰水中浸泡,如果温度高的话,皮很快就会发。待皮发了,就可以熟皮子了。在熟皮子时,一般先将皮子内侧的脂肪刮掉,然后再将皮子外侧的皮毛刮掉。经过如此处理后,动物的皮张就可以蒙鼓了。

蒙鼓面是整个制鼓过程中最讲究的一步,如果皮子蒙得太紧,鼓就容易敲裂。若皮子蒙得太松,神鼓的声音又不好听。关云德说,这全在于蒙鼓人的蒙鼓经验。在调查中我们观察到,关云德蒙鼓时,不断用手指弹鼓

图 1-34 浸泡皮子

面,以此来判断鼓面蒙得是否合适。看来,用手指的"触觉"来掌握蒙鼓的分寸已经成为关云德独有的技术。藤子鼓周围不上钉,皮子一直包到鼓的内侧。

图 1-35 蒙鼓面,这面鼓的鼓圈是合成板做的,鼓面需要打钉

**穿弦、上环** 在调查的过程中，关云德随口向我们说了一则关于萨满神鼓的民间歌谣：

> 做藤子鼓，上白山；
> 
> 砍回藤子劈两半；
> 
> 趁湿搣成鼓圆圈；
> 
> 绳子绑上等晒干；
> 
> 锛子砍、刨子圆；
> 
> 锯出齐茬刮斜边；
> 
> 涂胶接头没缝隙；
> 
> 再把皮子蒙上边；
> 
> 皮子全把圈包上；
> 
> 再穿四根牛皮弦；
> 
> 中间拴个小铁环；
> 
> 圈镶八个大铜钱。①

上面这一则歌谣已经将整个制鼓过程栩栩如生地传达给我们。所谓"穿弦"，即是在"鼓圈"上打出8个小孔，每两个小孔一组，小孔的间距为6~8厘米。将牛皮绳穿过孔后系在鼓背面中央的小铁环上，再于两根皮绳间编出图案，使鼓美观。为了增加鼓的声音效果，鼓的背面一般镶有串成一串的8个铜钱。

图1-36 穿弦　　图1-37 抓鼓制作完成

---

① 访谈对象：关云德，男，64岁。访谈人：孟慧英、于洋。访谈时间：2013年1月5日。

**缠鼓鞭** 罗关家族萨满神鼓一般为"抓鼓"（满语称"伊莫亲"），鼓后面的铁环即是敲击神鼓时人们所抓持的部分。另外，一般用3厘米宽的竹片做鼓鞭，上面缠有彩色的布条，看起来十分漂亮。

图1-38 鼓与鼓鞭

关云德的儿子关长宝在其父亲制鼓技术的基础上，又发展出了新式制鼓法，这种方法用柳木薄板做外圈，里面背椴木胶合板，待胶干后用角磨机磨齐磨光，将木器漆涂在鼓圈上，使鼓圈更加光亮美观，然后蒙上山羊皮，周围用泡钉固定，这样的神鼓同样美观大方。2012年罗关家族"办谱烧香"活动中，所用的神鼓既有藤子鼓，也有关长宝制作的新式抓鼓。

**做腰铃仔** 萨满祭祀还要准备萨满跳神时所需要的腰铃。腰铃满语称为"sisa"，是满族萨满跳神时必不可少的神器。据关云德介绍，传统的腰铃管都是在铁匠炉那里打造的，然后带回家里自己编制。自从有了电焊之后，他可以在自己家中完成整个腰铃制作的工序。

关云德制作腰铃先从腰铃仔的制作开始，腰铃仔一般用铜皮或铁皮制成。过去，满族人制作腰铃所用的金属材料都是用猎获的动物换来的，现在关云德制作腰铃所用的材料都是从外面购置回来的。铁皮准备好之后，关云德先按照"纸样"将铁皮裁成形状、大小相同的铁片，然后将铁片放到模具上，用小曲柳或小叶榆制成的木方榔头将铁片捶成上窄下宽的腰铃仔。

图 1-39　铁皮与腰铃仔　　　　　图 1-40　制作腰铃仔

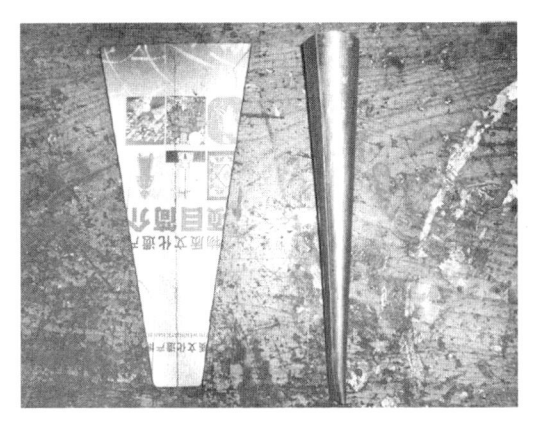

**焊接铁环**　腰铃仔制作好后,要在其较窄的一端焊接上小铁环,其中铁制腰铃管用电焊,铜质腰铃管用锡焊。焊制好的腰铃仔两两套在一个小铁环上就可以编制腰铃了。

图 1-41　焊接铁环

**编腰铃**　先用铅笔在一张长约 160 厘米,宽约 50 厘米的皮张上等距画出一些点,点与点之间的距离约为 6 厘米。画好点之后,用铁器在皮张的点上凿出两排小孔,接着将牛皮绳穿过小孔,并编入腰铃仔,腰铃就制作好了。关云德告诉我们,每个家族的腰铃管数目多少不同,罗关家族每副腰铃有 32 个腰铃仔,重约为 26 斤。

图 1-42　套好的腰铃仔

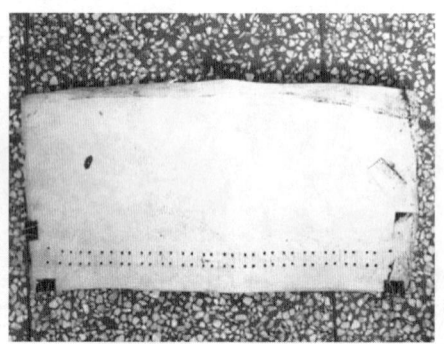

图 1-43　画出间距　　　图 1-44　打通间距孔

图 1-45　将腰铃仔编到皮子上　　　图 1-46　制作好的腰铃

第一章　打牲乌拉出身的罗关家族

　　在活动开始的前几天，还有几件事情需要准备。其一是酿制祭祀仪式上要用的"米儿酒"。"米儿酒"的制作很简单，先用黄米熬成粥，放凉米粥后加上酒曲，放到炕梢，几天后澄出的汁水就是"米儿酒"。这种酒的做法很简单，满族人家家都会做。

　　仪式活动所需要的供品、神器都准备就绪，身处各地的罗关家族成员也得到了"办谱烧香"的通知。一过完年，家族的萨满关长继、关连福、关长兴3人就洗澡净身，准备主持仪式。全家族成员都热切地等待着家族"节日"的到来。

# 第二章
# 罗关家族的萨满

据罗关家族成员回忆,家族萨满传承至今,一共有十四代。由于时间跨度较大,人们对于各代萨满的了解差别很大,越往前,所知的就越少。尽管这样,我们根据传说以及萨满的说明,还是能够大致看清罗关家族萨满的一般面貌。

## 第一节 罗关家族萨满的传说

在关云德家里,我们看到他梳理出来的罗关家族萨满传承情况,他们家族的萨满已经传到第十四代了。

  第一代——萨满太太
  第二代——二辈太爷
  第三代——三辈太爷
  第四代——四辈太爷
  第五代——五辈太爷
  第六代——六辈太爷
  第七代——七辈太爷
  第八代——八辈太爷

第九代——吉勒嘎春

第十代——萨满师傅

第十一代——富春、金和

第十二代——庆祥（庆太爷）

第十三代——云刚、云章、云涛、云兴、云会

第十四代——云东、长继、长兴、连福

从历代萨满排序情况可以看出，罗关穆昆对于第一代到第十代萨满记忆模糊，几乎不记得他们的名字，但是这不等于完全没有关于前辈萨满的记忆。

我们有幸结识了罗关家族第十二代萨满——庆太爷的曾孙关长宇，他从自己的父亲关云洪那里听到过一些家族萨满的故事。起初，他并不愿意向我们讲述这些故事："我太爷爷那时候就传下来，这些故事不能随便对外人讲。记得我父亲说，过去每到年三十晚上，接完神吃完饺子之后，我爷就开始唱神歌，然后才对家人讲述这些故事，平时对这些故事是绝口不提的。"①

他讲了几个罗关家族萨满的传说。

**1. 第一位萨满的传说**

老关家的第一位萨满是长白山神派萨满太太来教的。当时让他到长白山上学艺，因为中途有一些曲折的事情，最终没有到达。后来他死了，他的魂到了长白山，是怎么知道呢？等我们老关家有跳神的时候，被神附体的萨满说他的魂到长白山了，就这么祖祖辈辈传下来的。萨满太太是长白山神的大徒弟，师傅派他沿着松花江而下，到下江找到瓜尔佳氏的萨满。原来没有萨满的时候，老关家就是朝祭，就像拜太阳似的。在师傅的吩咐下，萨满太太下山开始找瓜尔佳哈拉的萨满，她一路上医治了不少病人。

在路上，有一个小伙问萨满太太："我什么时候会死？"萨满太太

---

① 访谈对象：关长宇，男，42岁。访谈人：于洋。访谈时间：2013年1月6日。

图 2-1　关云德创作的先辈萨满剪影

图 2-2　关云德剪纸中的女萨满

说:"你活不过晌午。"小伙问这个问题的时候是在树上,问完话以后,忽然来了一阵风,小伙从树上掉下来,就摔死了。接着,萨满太太又遇见了一个心情特别压抑的小伙,小伙问萨满太太:"我该怎么办?"萨满太太回答说:"运败缘衰,公子怀胎,你到西北方向取些艾蒿,洗洗脸就好了。"洗完脸,这个小伙就好了。

第二章　罗关家族的萨满

萨满太太下长白山的时候，师父告诉她，当她看见"牛马上房吃草，树冒烟"的时候，就找到瓜尔佳哈拉的萨满了。后来萨满太太看到了住在地穴里面，用树筒子做烟筒的瓜尔佳哈拉族人。找到萨满以后，她教这个家族的萨满跳了几铺神，临走时交给他两个鼓鞭，告诉他到长白山学艺。萨满太太说："长白山神一共有五面鼓，分别是黄、青、红、白、黑五种颜色，我用的鼓是黄鼓，你用鼓鞭敲黄鼓，就找到我了。"说完之后，萨满太太就离开了。

图 2-3　关云德剪纸中的长白山神

萨满太太离开之后，瓜尔佳哈拉的这位萨满就到长白山学艺去了。在途中，这个萨满遇到一伙族人，他们从姊妹泉里取水生活，有一天，一个泉水变苦了，另一个泉又太高，族人只能爬到高处取水，特别费劲。后来萨满得知，泉水变苦是因为该族中有一个冤死的女鬼的眼泪掉到了这姊妹泉中，萨满只有到阴间取回这女鬼的眼泪才能使泉水变甜。于是他到了阴间，用萨满太太给他的鼓鞭敲开了阎王殿的大门，取回了女鬼的眼泪，才使泉水再次变甜。

在去往长白山的途中，萨满做了很多好事，这也正是长白山神看中他的原因。后来萨满救小白龙，射死了九头鸟。有一次，萨满因为救一个被雷追着的人，再次用了鼓鞭。这下萨满鼓鞭用了两次，不能再用了。所以这个萨满活着的时候没学成萨满，后来就死了。

但是其他氏族有学习后成为萨满的，他们有神就比咱们傲。咱们瓜尔佳哈拉小，哪个家族旺，神就去谁家。不同哈拉一起举行大祭祀，人家神多跳神，费用叫我们出，因为我们的神不行，一到跳神时我们用马爬犁拉很多东西去，就为这，族人埋怨哈拉的萨满。

图2-4 关云德剪纸中的跳神萨满

不知道多少年，有一次大祭，老关家萨满显神了。那个大祭中，我们老关家萨满被排在最后面。我们德高望重的老萨满在祭台上跳神，明明是月光皎洁，跳着跳着就没了。这时老关萨满就被神附体，开始说话了，说自己是第一个萨满，他说"我来了"。后来老关家的萨满就得神了，死了的那个老萨满从长白山带来老多神了，鹰、蟒、蛇、雕都来了，一起凑热闹。由于神多，老关家萨满两铺神还没跳下来，月亮就圆了。打这以后，每逢大祭祀，再也不给老关家摊那么多的费用了，后来瓜尔佳氏族就兴旺了。

第二章 罗关家族的萨满

图2-5 关云德剪纸中的蛇神　　图2-6 关云德剪纸中的鹰神

## 2. 萨满转北斗的传说

俺们在这边始终受欺负，很长时间家族不旺，打猎什么的刚攒点家底，就让别人掠夺去了，不少族人合计这是怎么回事。那时候老关家有一个萨满，他的神挺厉害，他说："长白山有一面神鼓，请神鼓祭七星北斗。"他说这话的意思，就是让七星北斗不转，这样就对我们家族有利。在举行祭祀仪式以后，他就准备去长白山请神鼓，他说："我当天去当天就能回来，过江有蟒神、过山有鹰神帮忙。"到了长白山，看到一个白胡子老头，他就是长白山神。长白山神说："敲神鼓是违背天道，你不按照正常规则行事，这对你不好。"

为了族人兴旺，萨满不顾警告，请回神鼓以后，就夜祭北斗。由于受到长白山主的话的影响，唱神词时就没有那么好。如果跳好了，北斗星就转，"星把"始终指向老关家，老关家就兴旺。后来神鼓给北斗星震得总在转，穆昆达（族长）一看，这个家族萨满的神太傲了，就把他害死了。他死了以后，他请的这面鼓响了半宿。第二天早上一看，鼓没了，跟萨满一起回长白山了。

47

图 2-7　关云德剪纸——敲神鼓的萨满

### 3. 托里变星星的传说

老关家还有另一个传说，咱们老关家的萨满祭 3 个"托里"（铜镜）变成星星。所以老关家常说："叉玛神，最灵验，请诸神，那不算，敲神鼓来祭天，震得北斗团团转，吓的南斗永不现，祭托里，三星现。"托里没了，萨满就没了。萨满为了族人就去世了。①

罗关家族的第十二代萨满为庆太爷，名为庆祥，是关长宇的曾祖父。关于庆祥萨满的故事，罗关家族成员至今仍有传讲。

过去那时候，咱们的祖爷在苇子沟放着，咱们年年三十那天得套着马爬犁给祖爷磕头去，我们这一支是由于原来的居地住不开了，同治八年搬过来的。每当给祖爷磕头，萨满和族长什么的都要去。在苇子沟老地方住的人里边有个辈分大的老爷子，见我们做的哪儿不合适就骂呀。有一回，庆太爷去了，庆太爷给祖爷磕头，这老爷子在炕上

---

① 访谈对象：关长宇，男，42 岁。访谈人：于洋。访谈时间：2013 年 1 月 6 日。至今，罗关家族萨满在背灯祭时，还有用 3 个桦木盘（木托里）向西天上抛的仪式，可能与家族的这个传说有关系。

图 2-8　关云德剪纸中的铜镜星神

就挑理了。"我这辈大你不先给我磕头?"在他问话的这时候,神附在庆太爷身上了。附体的神开始挑理,"说是你大,你还能大过祖宗吗?"神对众人说赶紧上山"砍条子",揍这个不尊重神的老头子。"你辈大能大过祖宗吗?"神生气了。这时族里召唤人给祖爷赔不是,那时候"族法大于国法",揍死勿论。这是中华人民共和国成立前的事情。

我们同治八年搬到哈什玛,咱们是后来把祖爷抢过来的。我们这里的老关家人说你们敬祖,咱们也敬祖,年年磕头,去早了不行,去晚了也不行。这回咱们套了两个爬犁去,先磕头,磕完头就把祖爷抢回来,把这些神器抢回来,那次是庆太爷领着人抢回来的。要不抢回来,"文化大革命"就毁在他们手里了。[1]

罗关家族的第十三代萨满,分别为关云刚、关云章、关云涛、关云兴、关云会。族人中也传讲着一些有关他们的故事。

---

[1] 访谈对象:关云德,男,64 岁。访谈人:孟慧英、于洋。访谈时间:2013 年 1 月 7 日。

图 2-9　剪纸——祖宗板

　　关云刚老人，17 岁学萨满。他老人家小时候病得特别重，头肿得像"大头翁"似的，来回不停地摆动，后来家人叫他许愿在神前效力，这之后病就好了。17 岁时，赶上罗关家族"烧官香"，五六个人共同学习，经过"抬神"，关云刚成为萨满。①

　　关云章老人属鼠，小时候因病许愿，17 岁学萨满，与关云刚一起，他们的师傅是庆太爷，当时是民国十七年。学完后，关云章开始跳神，新中国成立以后禁止跳神。当时关云刚和关云章学乌云的时候，是东哈村老石家的二栽力石殿歧的爷爷教的满语。②

　　关于关云刚、关云章两位老萨满的故事，至今仍在罗关家族内流传。大家印象最深刻的就是 1939 年罗关家族烧香时发生的两位萨满痛打伪满警察的故事。

　　以前满族人家每到龙年虎年都举行全宗族的烧香祭祀活动，这叫"烧官香"。1939 年正月里，九台境内的打牲乌拉五官屯之一的其塔木镇腰哈什玛屯的罗关家族烧香祭祖，屋里屋外、院子里挤满了四面八方来

---

① 访谈对象：关云闪，男，72 岁。访谈人：孟慧英、于洋。访谈时间：2013 年 1 月 5 日。
② 访谈对象：关云德，男，64 岁。访谈人：孟慧英、于洋。访谈时间：2013 年 1 月 5 日。

## 第二章 罗关家族的萨满

看热闹的人。这天白天，从其塔木镇里来了三个穿黑色警服，戴着大盖帽子的人，他们三人一看院子里面挤得人山人海、水泄不通，就扯着破锣似的嗓子大喊："让开！让开！"目中无人地推搡看热闹的人，百姓们以为警察是来给维持秩序的。他们三个人一边扒拉人，一边大摇大摆地进到了西屋，然后一屁股就坐在了南炕炕沿上，跷起了二郎腿，抽着哈德门牌香烟，原来是看跳神来啦。三个人喷烟吐雾，烟雾缭绕，大家是敢怒不敢言，因为他们就是地痞流氓。这些人整天吃喝嫖赌，向老百姓打粳米、要白面，当地人都恨死他们了！背地里都叫他们是"黑狗子"，盼他们早点瘟死，免得祸害百姓。

很多人都斜眼看着这些黑狗子，因为他们平日里作威作福惯了，哪里懂得什么规矩啊！今天他们坐在了不该坐的地方。因为满族人家规矩大，尤其是烧香祭祖期间，西屋是神堂，南炕还供着两位女神，只有本家族的萨满能在南炕上休息，其他人辈分再大也不能上南炕。家族老萨满关云刚和关云章看到这三个家伙这么放肆，没有规矩，气儿就不打一处来。心想这不是在警察署，你们说了算，想抓谁就抓谁，想关押谁就关押谁。今天是老关家烧香，神堂是圣洁之地，岂容黑狗子们玷污。两位老萨满用满语交流一下，决心利用烧香祭祖之机，教训一下这三个万人痛恨的黑狗子。他们两个人知道老石家萨满曾利用放神的机会教训过老毛子。两位老萨满穿上神服，扎上神裙，系上腰铃，右手拿起神鼓，左手紧握鼓鞭，开始击鼓甩腰铃跳神。南炕由于不能坐人，于是将两扇窗户和玻璃都摘下来，便于众人看热闹。全屋子的目光都盯在两位老萨满身上，观察他们的一举一动。坐在南炕沿上的三个黑狗子嘴里吞云吐雾，烟雾遮住了人们的视线，两位老萨满敲起"老五点"，用满语唱道："选上了上上辰光，把洁净的供品摆上，准备的方盘供桌，把黄米糕摆上，烈性的纯烧酒，甜的米儿酒芬芳。献上达子香碟，在桌前点起双行。保我子孙众多，佑我子孙绵长。庇我等风调雨顺，护我等五谷满仓……"鼓声时而铿锵有力，时而舒缓悠扬，表达族人对祖先的崇敬和怀念，抒发了对幸福和平安的希望。萨满唱完了神歌，开始转迷勒，三旋天，鼓点由五点转换成快碎点,说明神已请来附体,说时迟那时快,只见两位萨满瞪起双眼,满含仇恨的眼光一下子转移到黑狗子们的身上,他们举起打鼓神鞭,劈头盖脸地砸向三个黑狗子。黑狗子们正聚精会神地看跳神,没想到挨了噼里啪啦一顿鞭打,他们捂着头跳上炕,从窗户跳了出去,"妈呀、妈呀"地叫着,只恨爹妈没有多生两条腿。后来黑狗子们也说冒犯了满族人家的规矩,冒犯神祖,并说老关家真有神。其实是两位萨满借着烧香之机狠狠地教训了一下黑狗子,替当地百姓们出了一口恶气。当时,看热闹的百姓们拍手叫好,都高喊"打得好!"有人当场就编了个顺口溜:满族烧香真有神,专治为非作歹人,不懂规矩别乱坐,打死无处诉冤魂。①

图 2-10 堂子中悬挂着关云刚、关云章两位老萨满的照片

1988年龙年,在关云刚、关云章两位萨满的主持下,罗关家族在"烧官香"的同时,为4位小萨满举行了"抬神"仪式。在举行仪式之前,关云刚来迟了一些,就发生了下面的事情。

1988年烧香那回,关云刚有点懒,不爱来。他在家打了个盹,这时候他的师傅提着马棒子就进来了,进屋没容分说就给他一顿揍,打

---

① 访谈对象:关云蛟,男,74岁。访谈人:孟慧英、于洋。访谈时间:2013年1月10日。

得特别疼。他就"觉景",他说这任务还没有完成呢,他有使命教萨满,也叫"收坛口"。①

在20世纪80年代末学萨满(学乌云)的时候,关云刚担任4位小萨满的师傅,一共教了一个月左右的时间。在"教乌云"期间,师傅和徒弟都要待在神堂,不能回家。其间发生了一件事情。

  我们正祭祀的时候,关云刚的老伴病危,家里来人让他回去,但祭祀期间萨满是不能回家的。这是1988年的事情,关云刚知道祭祀期间不能回去,他说那怎么办,就占卜吧。于是他倒了一盅酒放在鼓顶的皮面上,然后用鼓鞭震鼓帮,鼓皮面就颤动起来,这么一震动,酒盅缓缓地往旁边移动,最后酒盅掉地下了。酒盅是正着掉地下的,没有扣在地下,如果扣地下他老伴那天晚上就死了。②

从上述传说中不难发现,罗关家族为自己能干的萨满而自豪,他们把家族萨满的神力归于巫祖长白山神,并得到长白山神的偏爱。他们心中的大萨满是善良的,为民服务、惩恶扬善的人,是可以为了族人牺牲自己的人。由于家族萨满是穆昆能力和威望的象征,若能力微弱会受欺负,并要忍受经济负担,因此他们更希望自己穆昆的萨满大展雄威,震慑八方。转

图 2-11 承载罗关家族精神信仰的堂子

---

① 访谈对象:关云德,男,64岁。访谈人:孟慧英、于洋。访谈时间:2013年1月6日。
② 访谈对象:关云德,男,64岁。访谈人:孟慧英、于洋。访谈时间:2013年1月5日。

图 2-12　关云德绘制的祖先萨满神图

星斗、震三星就是其家族萨满威力的写照。可以说，这样的萨满是一个穆昆的精神灵魂。

## 第二节　罗关家族萨满的出现与培养

罗关家族的祭祀仪式是在清乾隆年间对满族祭祀仪式予以规范后逐渐成形的。在那之前都是野祭、跳野神，现在也有野神，但神本子没留下来。随着时代的变化，现在的家族祭祀越来越简化了，因此罗关家族的萨满都是家祭萨满。

**1. 家祭萨满的产生**

罗关家族萨满的产生不是世袭的，是许愿并经过萨满验证后学萨满的。

某个家族年轻人患病，久治不愈，后经萨满询问，家人许愿答应病好之后侍奉祖爷，病好之后就跟萨满学习，学成之后，当萨满。

罗关家族的上一代老萨满关云章、关云刚在1988年的时候培养了4个小萨满，分别是关云东、关长继、关长兴、关连福。小萨满都是自己或父亲小时候许愿许的，不是谁想当萨满都可以当，所以萨满是自愿成为在神前行走的人。经过老萨满"教乌云"，几个周期下来，最后经过"抬神"仪式之后正式成为家族的萨满。学乌云要在结婚之前，"抬神"之后才可以结婚。

现在罗关家族的4位萨满，都不是因为自己有病许愿当萨满，而是他们的父亲曾经许愿当萨满。由于当时政治环境不允许，他们的父亲都在没"抬神"的情况下结婚了，因此不能当萨满。按照罗关家族的传统，男子结婚后就没有资格学萨满了，所以上述几个人是替父亲学萨满、"抬神"。直到20世纪80年代，父辈的愿望才由他们的儿子代替完成了。

关云东在这几个人里辈分最大，岁数却最小，是罗关家族中仅存十几个云字辈中的一个。他学萨满的时候只有15岁，当时读初二。关云东的父亲因为有病在神前许愿，但后来因为结婚就不能再学了，关云东是家里的长子，学萨满的任务就落在他的身上。关云东从中国石油大学毕业后，分

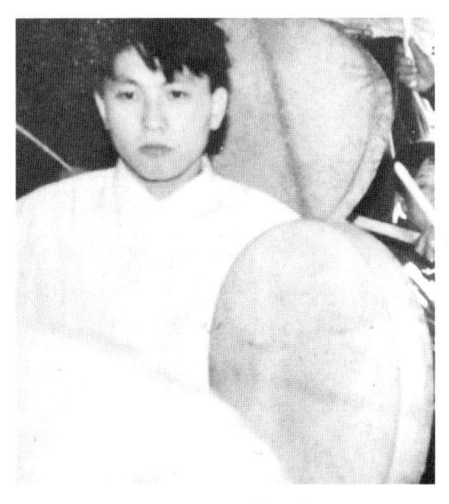

图2-13 关云东

配到中国石油总公司吉林省扶余油田分公司工作,刚开始时做科研工作,现在已经晋升为企业高管。因为工作的原因,关云东一般不参加仪式,上次祭祖的时候还来看过,拿了些香火钱。

关连福,1965年出生,属蛇。关连福的父亲关长生年轻时手被割破(帮人杀猪,手割破一层皮),四处求医,始终不见好转。后来,其父便在"祖爷"前许愿,如果能让手好起来,将来就当萨满,在神前效力。等到各方面条件允许学萨满时,关长生早已结婚,错过了学萨满的时机,于是由其长子关连福代替其父学萨满。

受时代变化的影响,罗关家族萨满出现了族选现象。关长继,1969年出生,属鸡,住在西哈什玛屯。1986年学萨满时,穆昆达要求每一个支系出一个萨满,关长继因此被选中,成为家族萨满。关长兴,1969年出生,属鸡,家住刘家满族村,他和关长继的情况一样,也是族选出来学萨满的。

图2-14 1986年"学乌云"时的
关云东、关长兴、关长继、关连福(从左到右的顺序)

### 2. 萨满培训

培养萨满,满族俗称"学乌云",主要是学习祭祀礼序、祭祀规则、禁忌礼法以及注意事项。老萨满传授祭祀唱的神歌、祭品摆放规矩、跳神乐器的击打和配合、舞蹈姿势、仪式步伐等。1986年"学乌云"时，萨满发给年轻人每人一本手抄神本（满汉双语），小萨满要背诵上面的祭祀一般用语与不同祭祀项目的专门用语。现在萨满祭祀之时都用满语唱神歌，这些都是师父教的，按照神本子里的内容唱，经过刻苦努力，他们现在能够承担整个祭祀仪式过程。

我们与关长继萨满进行了交谈。

问："能不能给我们简单介绍一下您学萨满的过程？"

关长继说："我是1986年开始学的，就在这儿学，学习期间不允许回家。头一次学的时间长，一个来月。第二次是在1998年接着学，当时我们四个人一起学，感情比较深，学的程度都差不多。"

问："学萨满难不难？"

关长继说："怎么说呢，要说难也不难。"

问："学萨满都有哪些内容？"

关长继说："就是学祭祀的总过程，学跳萨满舞、唱神曲，神本子上是满语，当时通过唱词也能理解满语的意思。"

问："学习萨满对您的人生有没有什么影响？"

关长继说："怎么说呢，不好说，这辈子若没影响，下辈子也会影响呢！"

培养萨满是穆昆的大事情，要为穆昆服务，因此没有特权，没有报酬。萨满平时不准在人前口授神词、神名，要保护、爱护神器。萨满要练嗓子，提高诵唱韵味，但要在村外的山上或河边无人处练习。族人告诉我们，关云章、关云刚他们那一辈一起学萨满的人中有个叫关云会的，唱得最好，不过愿意显摆，没事总拿出来唱唱，老祖宗怪罪没让他活长，二十几岁就死了。

**3. 抬神**

年轻萨满学成时举行的仪式叫"抬神"，只有通过抬神仪式，年轻学徒才可以正式做萨满。1988年正月，罗关家族为4个小萨满举行抬神仪式。

先将祖爷请出，摆好神案，4位新萨满坐在神案前的地上，每人屁股底下坐着一个木制棒槌，头部蒙上3件白布衫，每人喝一大口烧酒。新萨满的父母在孩子左右扶着他们，不时地喊着孩子的乳名。两位老萨满扎腰铃、打手鼓，诵唱"学乌云"神歌，之后唱祷告神歌。通过这个仪式，老萨满交出神本，算是对家族的一个交代，俗称"收坛口"。

待老萨满唱完神歌，4位新萨满站起，原地转3圈，就都昏迷了。随后他们被父母扶上南炕，躺一会儿，待清醒过来，就代表验收合格了，表明他们在神祖面前通过考试，今后可以侍奉神了。

图 2-15　1988 年的仪式现场

图 2-16　1988 年的祭祀场面

## 第三节　罗关家族萨满的祭祀活动

　　近年来，由于政府、媒体以及学术界对民间文化的重视，罗关家族的萨满文化活动越来越红火，它逐渐从自己原来所属的家族和地域中脱颖而出，进入更多人的视野之中。除了家族的萨满祭祀活动外，家族的几位萨满也相继被旅游部门、科研单位邀请前去表演本家族的萨满祭祀仪式。

图 2-17　以往的家族祭祀

据关云德介绍，关云蛟是罗关家族的功臣，他最突出的贡献是把家族的萨满文化推向族外。他不断地与外界联系，主动推介自己的家族文化，使得家族萨满获得许多到外面展示的机会。2002年，关云蛟带领家族人员参加在吉林举办的"国际萨满文化研讨会"，表演内容为震米、跳肉神、背灯祭、换锁、祭天。2009年和2010年，他又带领家族萨满参与吉林省旅游局、吉林市人民政府举办的"开江节"中的祭江仪式。关云蛟策划了整个祭祀活动，并现场指挥祭祀活动。2008年和2010年，由辽宁省关斌等满族青年发起的祭祀长白山发祥地活动，罗关家族萨满代表满族主祭。正因为穆昆中这样成员的精心运作，罗关家族的萨满文化逐渐被外界了解，影响愈加广泛。

图 2-18　在"国际萨满文化研讨会"上表演

图 2-19　在沈阳参加表演

然而，由于整个社会大环境的影响，罗关家庭的萨满文化内容本身依然发生了衰退。如关云蛟所说，现在的4个萨满没有一个会唱神调，都是念诵，动听的曲调消失了。罗关家族萨满的神帽子也没有了，祭祀的程序、步骤也存在缺失。他说要和家族商量，逐步予以恢复、完善。

# 第三章
# 罗关穆昆壬辰年的续谱活动

2012年壬辰龙年，罗关家族的祭祖活动包括两个类别，一是续谱，二是家神祭祀，也叫祭祖爷。在罗关家族成员中有一句话——"家谱"和"祖爷"不能见面。在修续家谱之后，罗关家族的成员要将家谱收起，放于"堂子"北墙的谱匣子里。然后将西墙的祖爷匣子打开，将里面的祖爷象征物和神器亮出。随后的几天里，家族的萨满要进行一系列的祭祀仪式。

关长宇说：谱折就像我们老关家家谱似的，它和神本子不放在一个地方，两家不见面。谱和神是不见面的，平时谱供奉在北墙。[①]

罗关家族在"办谱烧香"活动中所祭祀的是"双重祖先"，前者是以血缘关系为基础，用谱牒的方式表达出的"血缘祖先"，而后者则是家族萨满祭祀的家族守护神灵以及去世的前辈萨满，这种"祖先"即"巫祖祖先神系统"。[②] 祭祀主持者分工上，修谱活动由穆昆达主持，而烧香活动则由家族萨满主持。需要强调的是，在祭祀活动中，一定要待家谱收好之后，才能将祖爷亮出。居住在乌拉街的其他家族，包括我们所调查的石姓（锡克

---

[①] 访谈对象：关长宇，男，42岁。访谈人：于洋。访谈时间：2013年1月6日。
[②] 孟慧英：《中国东北部少数民族的巫祖祖先神信仰》，《民族研究》2009年第6期。

特里氏）家族和杨姓（尼玛察氏）家族，在"办谱烧香"仪式上也遵循着和罗关家族相同的原则。

因此，我们将罗关家族的续谱作为单独的一章进行介绍。

## 第一节　罗关家族的堂子

罗关家族续谱和祭祖的主要活动空间是堂子，在介绍罗关家族续谱活动之前，我们首先要介绍的是他们的堂子。早在《满洲源流考》中就记载："我朝自发祥肇始，即恭设堂子，立杆以祀天。"

过去，罗关家族没有堂子的时候，"烧官香"活动要在各个家庭间轮流举行。逢龙、虎年时，穆昆达要到上一次祭祀的家户中将"祖爷"请到举行祭祀的下一户家中。在请祖爷匣子时，穆昆达要带上5尺红布，到了祖爷匣子所在的家户中，磕头跪拜后，将祖爷匣子取下，用红布包好，捧在怀中，祖爷匣子所在的家户要放鞭炮，跪送祖爷匣子。在请"祖爷"的途中，路人遇到须避让，要让"祖爷"一直在前。

2000年，罗关家族建好堂子后，祖爷匣子就一直放在堂子中，平时由家族成员关云春负责照管堂子。"文革"期间，虽然穆昆达关凯老先生极力保护家族的祭祀器具，但家族的家谱和几面神鼓还是不能免于被没收烧掉的命运。庆幸的是，罗关家族的谱书保留了下来。1998年烧香时，族长关云德3天2夜没有睡觉，根据家族的谱书恢复并绘制了家族的谱单。至此，与家族祭祀活动相关的象征物全部具备。

关姓的堂子屋离关云德家不远，步行大约5分钟，在路上还可以看到清代留下的几块残碑断碣，有的字迹已非常模糊，具体内容也无从推考，里面很可能就记载有罗关家族祖先的荣耀。随着时代的更迭，社会的变迁，过去的辉煌与繁华都已云散烟消，徒留予后人回味和推测的遐想。

堂子屋是典型的满族传统建筑，是坐北朝南的砖瓦房，占地有144平方米，东西长18米，南北长8米，门向南开，有两扇门，西边门用于祭祀。满族以西为贵，西边是供神的地方。从院落的外门到堂子约有50米，地面铺着砖。大门立柱上插着五星红旗。往里走则可以看到道路两旁竖立着各色旗帜，一共是8面，代表着满族的八旗。

正面看去，堂子正门上方悬挂着横幅，上面写着两种文字，西面是满文，东面是汉字，上面写着"满州镶红旗呼伦瓜尔佳续谱祭祖仪典"的字样。门旁挂着"满族民俗室"的铜牌匾，上面是原吉林省政协主席张凤岐的题字。下面贴着红纸，写着关氏家族QQ交流群（17934488），这个算是与时俱进的新兴事物，这样的形式对年轻人很有吸引力，很多十几、二十几岁的年轻人在记QQ号码。通过跟他们聊天，可以了解"80后"、"90后"的一些想法，同时也可以联系到散落各地的罗关家族成员，这次活动时间太短，很多人根本来不及相互认识，而交流群为大家在活动结束后继续保持联系提供了可能。他们这些年轻人对仪式中穿旗袍、行跪拜礼还不很适应，有的是被家长敦促来的，有的是想来看看热闹，对此次祭祖办谱仪式意义的认识还很模糊，认真程度远不如30岁以上的家族成员那样深刻。

图3-1 堂子外

在院落里屋门的旁边堆放着几块清代的残碑，有一块上半截刻着"光明后世、乾隆三十"的字样，碑石中间被截断，因此下半截的碑文见不到了。

从堂子的正门进来，首先是锅灶和炊事用具，锅台上一口大锅，是淘米、蒸米、杀牲燎毛的地方。北窗上挂着神像，来祭拜的人也要在这里叩拜。这里的工作由锅头负责管理，还要配备几个徒弟帮助他完成各项任务，在整个仪式过程中不能出现任何差错。锅头有专门的服装，杀猪、摆件子、蒸米、打糕、来宾和工作人员的伙食安排都由其负责，但祭神、祭祖供品的制作则需听从萨满的指派和吩咐。

里间是祭祀的正式场所。这里陈设着代表祭祀的象征物品，显得有些与众不同。整个地面由红砖铺成，南北开窗，南、西、北三面炕，南面是大炕。按照满族传统习俗以西为大、以南为尊，南炕是家中长辈坐卧之处，与西面条子炕相连，北面也是条子炕，上面放着与这次祭祀相关的器物，包括装鼓、腰铃的箱子，年息香袋子，萨满的服饰和鼓手们的工作服装等。从炕的设计来看，具有满族特色，炕沿木都粉刷成朱红色。按照老规矩，西炕是侍奉祖先神灵的地方，一般不许任何人坐卧。屋子的西墙上挂着罗关家族宗谱，写谱书的白布必须是新的。因为此时正是亮谱书时期，我们便有了一饱眼福的机会。现在家里都是独生子女，人口少，所以上谱比以前要简化许多，据关云德介绍，"只用一下午就上完事了"。所谓上谱，就是执笔人用朱笔将后出生的人填在其父亲的名下，已故去的人用墨笔将红名覆盖上，无子嗣者要在近支辈中过继，过继时两家人都要到

图 3-2 罗关家族的谱单

图 3-3　祖爷匣子

场。以上各项均由专人、执笔者填写，任何人不得随意在谱书上增添、篡改。

整个谱书结构非常清晰，上面是黑色，下面是红色，都整整齐齐写着罗关家族各代子弟的姓名。红色代表着在世的人；黑色代表着去世的人。

存放谱书的谱匣子，上面刻有满文，经东北师大历史系刘厚生教授的翻译，上下联为"壹族奉祀至诚，百代恩泽绵长"，横批为"神书敬上"。[1]

据说以前的祖爷匣子里还放着康熙朝颁发的诏书，20世纪50年代曾经有人出价2000元想买，但罗关家族没卖。到"文革"的时候被迫上缴，现在已无从探究这些家族古物的下落。由于关云德对工艺制作非常在行，所以室内装饰很考究，窗户上都贴有满文的剪贴画，南北墙上挂满了名人书画作品，其中满文书法居多。

罗关家族的谱匣子存放在北墙上，这是因为祖先是从北面黑龙江流域迁徙过来的。谱匣子有2米长，通体为朱紫色，上面雕刻着金色的双龙戏珠，再配以白云图案。在屋子的东墙上，即门左侧挂着"罗关族人资助名

---

[1] 关云德、关长尧：《罗族关氏宗谱志》（内部印刷品），1999，第23页。

第三章　罗关穆昆壬辰年的续谱活动

图 3-4　孟盛彬采访关云德

图 3-5　存放在北墙上的谱匣子

单",上面记载着资助者的名字,一共有 29 人,名字旁边写着资助金额,最多的有 4500 元,最少的也有 100 元。这次祭祖活动经过家族会议协商,没有向家族成员摊派费用,而是自愿捐助,剩下的部分由各个观摩考察单位或个人资助。

关云德经常参加各种活动,对筹措资金和如何使用很有心得。吉林某高校萨满文化研究所这次准备包场考察整个祭祖仪式,关云德提出的包场价格是 3 万元,如果能满足罗关家族的条件,这次祭祖办谱活动就不邀请其他单位或个人了。这个提议没有得到学院领导的批准,因此作罢,但正因如此,却使我们能够观看此次祭祖仪式,完成考察任务。

　　门的右侧挂着罗关家族保护神器的有功之臣关凯老先生的照片,还有已故去的老萨满关云刚、关云章1988年祭祖时的照片。

　　南炕的东墙上挂着新制作的有关家族历史源流的挂幅,下面是长白山天池的图片。上面写着:大清巨族瓜尔佳氏。

图3-6　关云德打开装祭神器具的箱子

图3-7　老族长关凯,老萨满关云刚、关云章的照片

第三章　罗关穆昆壬辰年的续谱活动

图 3-8　账目公开　　　　　图 3-9　雪中的打糕石

## 第二节　续谱过程

2012年正月初二，罗关家族堂子内外再次热闹起来，屋内屋外挤满了罗关家族的男女老少。上午9点，在一阵鞭炮声中，罗关家族族长关云德将家谱谱单从谱匣子中请下。家族中的年轻女性需回避，但出于好奇又在墙边或者门外偷偷地观看。男人们则在神堂中，面向西墙按照长幼辈分依次跪下。鞭炮声响后，一张十几米长、一米多宽的谱单已经在神堂的西墙上悬起，年息香在案台上燃起，味道弥漫了整个神堂，穆昆达关云德跪在人群最前面，他念诵祭词：

公元2012年，适逢壬辰龙年，满州镶红旗呼伦瓜尔佳氏于农历正月初二吉日，恭率全族长幼人等，竭诚致祭我罗关列祖列宗在天之灵。哈斯胡力哈拉，关家哈拉我林德。辞去旧月换新月，择定吉日祭祀列祖列宗。乞请祖宗施恩惠，保佑平安人繁盛，年年太平，岁岁吉祥，敬上年息香，家家奔小康。

罗关家族，源远流长，
始自辽金，上溯宋唐，
起德黑水，长白发祥，

69

以地方氏，南迁沿江，

扈伦古国，辉发最强，

祖乌达胡，卒于山冈，

侄拉都胡，带领遗郎，

背负骨骸，四通碑葬。

穆昆达的声音响彻神堂，家族男丁严肃恭谨。念完祭词后，穆昆达带领全体男性族众起立。接着，人们纷纷凑到谱前，找到自己在家族支系中的位置，开始谈论家族祖先的功绩。这时，一位老人开始讲述已故家族成员——官员双大人的故事，接着其他的族众也开始纷纷回忆家族历史上考取功名、为国立功的名人。

罗关家族这张大谱单是用白麻布绘制而成的，上端绘有蓝瓦红窗彩色门楼，后面衬着苍松翠柏，门楼中央写有罗关家族先祖乌达胡的名讳，往下依次是东萨、翁萨及其后代子孙。密密麻麻的名字布满了整张谱单，其中上半部分是黑色的字体，下半部分是红色的字体，远远看去，就像是一棵倒立的大树，充满生机，开枝散叶。门楼左端是罗关家族的谱序，内容为：

谱者布也，言列布上其世系也。族谱之设自古有之，每逢寅年或辰年即十二年一修焉。亲者相与尽其欢，远者亦相往来。尊卑之等，惟谱又以著之，长幼有序，惟谱有以别之。惟修谱目的是追溯本源，分清世系，记载功德，订立族规。

罗关自清朝顺治十四年（1657）从辉发移徙乌拉充差已三百多年，每逢寅、辰年，照例修谱、烧香一次，族中各户每逢喜事必烧太平香。

原满文白绫族谱于"十年浩劫"中被焚。但祖爷匣子及祭祖神器却被本族穆昆达关凯冒险保护起来。经各支族长商议，于1986年重新修谱，由云德执笔画谱头，按照原谱书填写世系表，并删去打渔楼支、苇子沟支。同时，由云刚、云章两位老萨满教乌云，又培养了四名新萨满（云东、长兴、长继、连福）。并于1988年抬神烧香，四位萨满刻苦学习，终能胜任，罗关家族古传萨满教习俗后继有人。

第三章　罗关穆昆壬辰年的续谱活动

图 3-10　罗关家族谱单

　　罗关家族的字辈一共由 20 个字组成。这 20 个字是光绪年间吉林乌拉地区"七户关"的穆昆达在吉林市牛马行的西春发大酒楼开会共同拟定的，各户关姓，同族不同宗，辈分诗也不同。罗关家族的辈分诗为：

　　　　云长连海瑞，国富永清平，
　　　　继振兴文广，鹏程显圣明。

　　关云德说，这次罗关家族烧香前来的成员并非东萨支的所有成员，而只是第四代先祖雅图下的 4 个支系，以关云德为穆昆达的家族组织已经是一个经过裂变的穆昆组织。如今，罗关家族成员已经延续到第十九代。通过翻阅罗关家族的谱书，我们发现罗关家族前十二代成员的名讳并不包含"字辈诗"中的字，从第十三代成员开始，才有"云"字出现，一直到今天的"瑞"字辈成员，家族的谱单上都有。

　　我们去了关连伟家。关连伟，1971 年出生，至今未婚，性格内向，与生人说话很腼腆。据关长保介绍，关连伟自学过一段时间满文，能读识满文字母，有一定基础，热心钻研满族传统文化。

　　吉林市的关长德为了这次祭祖活动特意赶回来。关长德，1940 年生人，

71

是这里的老户，参与过前几次的祭祖活动，并且是上次祭祖活动的神鼓手和写谱人员，知道很多内情，他欣然接受了我们的采访。

他说："我一直没有工作，1962年高中毕业，我们家成分高，限制高考。没找工作，东游西逛一直到现在。老关家修家谱曲折可大了，'文革'那时候老谱书都被烧了，神龛烧的烧，砍的砍，挺可惜的。后来又把散落各家的谱书集中起来，又规划了现在这个新谱。"

满怀着对祖先的敬意，由关云德执笔，罗关家族成员一起将过去12年里（2000~2012）罗关家族去世成员的名讳涂黑，将新出生成员的名字用红字添上。需要说明的是，从2012年起，罗关家族成员决定，老关家新出生的女孩也可以上谱，这一主张得到了族众的赞同。在上谱期间，一些从长春、吉林等地返回的罗关家族成员，回到家乡后，首先要到家族的堂子里祭拜。一进神堂，他们先是给西墙的"祖爷"磕头拜年，然后再给"家谱"磕头拜年，最后才给家族中的长辈拜年问好，这次序不能打乱。从正月初二到正月初六间，罗关家族的谱单一直悬在神堂中，接受族人的祭拜。谱单前只燃年息香、汉香，不放任何供品。

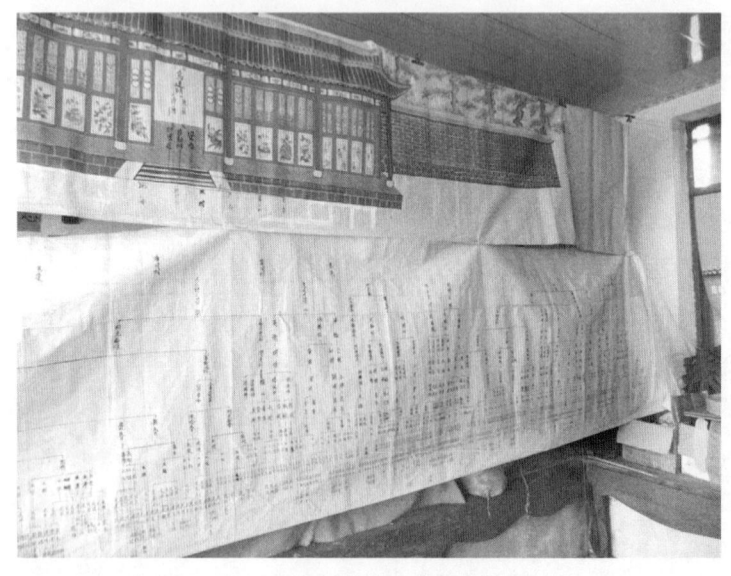

图3-11 祖先画谱与后代名谱连接起来

图 3-12　在谱单上添名字

傍晚时分，我们见到了这次活动的组织者之一关长双，上次祭祖时他担任司仪和负责安排娱乐活动。他嗓门儿大，口才不错，在各种活动中都能听到他的吆喝声。

关长双说："过去媳妇不让进祭祖的堂子屋，姑奶奶的孩子可以自由进出。1986年那次办谱的时候，媳妇们抗议，后来经过家族开会研究，让媳妇们也上谱，但必须是在入土之后才可以上谱，道理是这样，家里男人死了，媳妇有可能改嫁，到别家去了，入土之后才是关家的人。"

在续谱过程中我们和关连福谈了一会儿，他很支持搞这个活动，他说："不搞这个活动的话，家族有的人都不认识了，说是姓关，可不知道是哪个关，我们家族始终在二十四个字往下排，排完再循环，他就能找上辈儿，要不走道见面都不认识，要是有点啥事，像你碰我一下，我碰你一下，踩下脚，不由分说就打起来了，是不是？（通过这次活动）这个就不可能发生了。"

当问到"这次祭祖办谱给你们家族成员能带来什么"的时候，他说："最大的好处就是能互相沟通一下，都认识一下，要不谁知道谁是谁家的，不都乱了嘛，所以这个活动特别好。"

满族罗关穆昆续谱与祭祖考察

图 3-13 关云德在添写谱单

图 3-14 大家在谱单上找自己的名字

图 3-15 合成后的谱单

第三章　罗关穆昆壬辰年的续谱活动

　　正月初六下午开始收谱，家族中辈分较高的4个人穿上蓝布大马褂，戴上帽子，其中包括关云德。把谱书取下来，4个人各执一角展开，然后由南向北慢慢卷起，卷成一卷。再把谱书上的谱头取下，由北向南卷起，把谱书和谱头并排放入谱匣子中，盖上谱匣子封存起来。4人一起动手抬起谱匣子，两个人站在北炕上，把谱匣子抬上北墙。关云德点3炷香，插在谱匣子下面的香炉里，然后4个人摘下帽子跪下来给谱匣子磕头，自此收谱仪式结束。不到祭祖期间，任何人都不能开启它。由于"家谱和祖爷不能见面"，所以只有家谱收好之后，才能"亮祖爷"跳神。

图3-16　4位族人在更换满族传统服饰——长袍

图3-17　对卷谱单

图3-18　卷谱头

图3-19　将谱单放入谱匣子里

图 3-20　将谱匣子放在北侧窗子的横木板上

图 3-21　燃香　　　　　　　图 3-22　叩拜

  为了保证第二天祭祖仪式不出差错，晚上萨满和鼓手要在堂子里进行磨合演练。我们利用这个机会拜访了主持祭祀活动的3位萨满，其中关连福年纪最大，在他们中间有一定的权威，在演练开始之前，我们与他进行了简短地交谈。

  关连福说："就我个人印象吧，我家以前也特别贫穷，特别困难，就说在老祖宗的保佑下，骑摩托车摔过两回，也没太大的事儿，我认为是老祖宗保佑的结果。我们家现在不说最好，但在农村生活，也能占中上等，这我就感觉心里特别满足了。"

当问到对萨满仪式将来的发展情况时，关连福有点激动，他说："我必须把这些事儿发扬光大，就在我有生之年吧，我的期望就是，我们的民族文化永远发扬下去。"可能意识到自己有些情绪化，他接着补充说："永远，是不可能的事儿，这次烧完香，下次烧不烧还不一定呢。"

图 3-23 关连福接受访谈

当问到这次经过改革女孩子可以上谱的事情时，他说："国家实行计划生育，过去家里都是好几个小孩儿，谱书填不下。现在一夫一妻，家里都是独生子女，谱上有空余的地方，就让上了，感觉这样挺好。"

当问到祭祀的程序时，他说："祭祀的过程是这样，头一步是明天亮祖爷，晚上震米、做打糕，还有给祖爷穿袍，给祖爷穿袍是不是祭祀一次穿一次，明天还要跟穆昆达研究一下，这次祭祀还穿不穿，穿袍不是年年穿的事儿。明天外屋接神，晚上震米。后天跳肉神，必须杀猪了。跳肉神晚上还得背灯，这些都得进行，因为时间仓促，要不应该是隔一天的事儿；现在就一起办了，大伙儿都忙，都没时间。大后天可能又是换锁呀、祭天，都在同一天进行，时间仓促。我们家族准备得特别充分，现在生活条件好了，以前别说三头猪了，连个猪头都买不起，现在让大伙拿点钱都没问题。"

屋里摆上了桌子、凳子，忙活一天的人们开始吃饭。吃过饭后，人们收拾桌椅，然后把西北角的箱子打开，取出里面的萨满鼓。萨满鼓一共10面，其中5面是老鼓，据说有几十年的历史，其余的是新做的鼓，时间不长。人们往鼓面上喷酒，然后放在南炕上，鼓面朝下热烘，如果鼓皮受潮，声音不清脆，发出的是闷声，音量小，声音传不出去，这与用鼓制造声势的愿望是背道而驰的。

图 3-24　准备饭菜的妇女　　　　　　图 3-25　聚餐

晚5点左右，排演开始，主要是让萨满和鼓手进行组合训练。在敲鼓的时候，关长双借着酒劲儿，下手重了点，把一鼓面敲碎了，很不好意思地放在一边。因为参加上次祭祖时的主鼓手（敲抬鼓）关云久已故去，所以，新招来的年轻人还不太熟悉，对各种鼓点节奏的变化也不能娴熟地进行转换，引起3位萨满的不满。按照程序是这样，整个仪式要求敲大鼓的必须跟上萨满的舞步和晃动腰铃的节奏，小鼓手又要紧随敲大鼓的鼓点，这就对敲大鼓的主鼓手提出了很高的要求。可是，关云久还没来得及把敲鼓的技术传授下来就去世了，新鼓手又不熟悉，因而配合上就出现了许多问题。按照老一辈儿的规矩，是锅头传锅头，鼓手传鼓手，虎年是学，龙年是演，代代传承，分职明确。这次鼓手的传承出现了断层，由于白虎年没有演练，现在实际操作就很困难了。不过大家还是努力克服困难，尽心尽力地进行排练。在这个过程中，不断地停下来商议，讨论哪里出现了问题，直到合拍为止。

图 3-26 关云德敲起抬鼓与族人一起排演

图 3-27 萨满给大家演示鼓点

快到晚上 9 点的时候，大家陆续散去，几个萨满则躲到堂子前屋看过去拍的石姓萨满录像，录像是 1993 年拍的，当时参加拍摄萨满祭祖仪式的 11 个人，现在就剩下 2 人了。

# 第四章
# 罗关家族祭祀仪式

罗关家族的祭祀活动持续3天，本章将根据仪式程序逐一描述整个祭祀过程和祭祀中发生的各种情况。

## 第一节　仪式第一天——亮祖爷、祭饽饽神

2012年1月29日，农历正月初七，是祭祖仪式的第一天。我们早上6:30起床，这时太阳还没有升起来，洗漱完毕就去堂子吃饭。因为要在这里举行3天的仪式，屋里装不下这么多的人吃饭，就在屋外临时搭了一个铁皮房，供客人以及远道而来的族人休息、吃饭。萨满告诉我们，上午10:00准时亮祖爷。

图4-1　招待客人的临时房

第四章　罗关家族祭祀仪式

从早上8:00开始，陆续有人赶来，包括长春市、吉林市等地的满族宗亲，很多人进来之后都先给祖爷匣子磕3个头，再给放在北面墙上的谱匣子磕头，最后在家族人员的指引下到外屋给"歪立妈妈"（柳枝神位）磕头。

8:30左右，有人开始清扫外面的院子，还有年轻小伙儿在劈柴，他们认为烧香祭祖是满族人最大的喜事，大家都要喜气洋洋地像过节一样，都要出力。灶间更是一派忙碌的景象，有洗木盆的，有洗打糕石的。打糕石很重，一个人搬不动。这样的物件因为时间久了，上面都布满青苔和雪霜，要仔细清理才能使用。锅头在准备制作打糕，20斤米淘3遍，都由锅头负责完成，老锅头关云多77岁，和另一个锅头关长旭带着4个小徒弟在操持这些事儿。

快到10:00的时候，人越来越多，在室内转身都很困难。各地的宗亲好友纷纷前来，并且对四周墙上的摆设不停地拍摄。

图4-2　忙碌的锅头们

除了罗关家族成员之外,还有外地赶来考察的学者、吉林省内的摄影爱好者以及各媒体新闻记者、摄影师若干人。这时人群中有人吆喝:"你们上岁数的应该上炕上坐着看。"

此时,关云德开始分发工作人员的服装,很多都是上一次祭祖时准备好的,鼓手、锅头、萨满的服装不同,各有特色。

图4-3 穿上仪式服装的萨满们

上午10:00,在一阵鞭炮声中,罗关家族几位萨满将神器箱子抬到神堂中,一面面抓鼓被取出后放到炕上,由于长久不用,鼓皮有些潮湿,萨满告诉我们,只有将这些鼓放到热炕上才能使其干燥,这样,神鼓敲起来的声音才会好听,人们将这称为"炕鼓"。萨满在堂子大门上挂上"谷草把",表示罗关家族在举行烧香祭祀活动,禁止孕妇等入内。

图4-4 门柱喇叭下的草把

第四章　罗关家族祭祀仪式

这次罗关家族"炕上"一共 10 面抓鼓、1 面抬鼓。据萨满介绍，抬鼓在萨满祭祀过程中起着重要的作用，抬鼓手要根据萨满跳神动作缓急改变鼓点，以带领所有帮鼓手敲鼓的节奏，使鼓点整齐一致。

图 4-5　炕鼓

神鼓"炕"好之后，罗关家族的抬鼓手关长旭将抬鼓架在神堂的西北角，开始有节奏地敲起抬鼓，三位萨满跪在"祖爷"前也敲起神鼓，其他 8 位帮鼓手手拿抓鼓站在神堂的周围帮鼓。这时，几位家族的长辈被请到神堂的"南炕"就坐，一位罗关家族的儿媳妇给这些长辈们装烟、点烟，以表示对他们的尊敬和孝顺。

三位萨满关长继、关长兴、关连福从摆放在北炕上的箱子中拿出萨满神服和萨满帽，关连福的神服与另两位萨满的神服不一样，关连福的神服形制为上衣下裳，上衣为白色、立领，两臂上侧自上而下各缀 4 条红黄相间的长方形彩条，倒向内侧，两肘部镶有 4 条长约 1 米的黄色带子；袖口为黑色马蹄袖，镶金黄色边，上绣祥云图案；下裳为白色斜裙，斜裙外镶有红、绿、蓝、黄 4 色相间的长约 30 厘米的彩条，彩条下方为三角形。另两位萨满的神服是相同的，也属上衣下裳形制，上衣为天蓝色、对襟、立领，下裳为浅蓝色长裙，裙腰为 20 厘米宽的红色棉布，裙身为浅蓝色棉布，裙下摆处镶有 3 道黑色边，黑色边上面绣有舞蹈小人。两位萨满在腰间系上红色腰带，扎上腰铃，头上戴着神帽，神帽的材质由两部分组成，贴着头的部分由黄色棉布制成，帽檐处为龙瑟棉布相衬。黄色棉布外包上一层黄色铜片，宽约 3 厘米的帽檐将帽子固定在头上，另有两铜条十字交叉于帽顶，帽檐与十字铜条相交处镶有 4 块圆铜片，类似铜镜。交于帽顶的十字铜条向上又圈出一个圆圈，圆圈上站立着一只鹰，鹰的尾部系有长约 2 米的红、黄、绿色飘带 4 条。在神帽前方挂有"流苏"，其长度要遮住萨满的眼睛，以增加神秘感。

穿好萨满神服、戴好神帽、系好腰铃后，在咚咚的鼓声中，穆昆达跪在萨满们的旁边，其他家族男性成员也有序地跪在神堂之中，三位萨满和穆昆达关云德并排跪在最前面。关云德致辞，大意是罗关家族列祖列宗，又到龙年了，罗关家族照例祭祖烧香，小萨满年轻，有不周之处，请老祖宗多多原谅，保佑罗关家族子孙家家幸福，子孙后代都能学业有成，老人身体健康，长命百岁，家家户户幸福美满等。大家叩拜 3 次后，主持人令大家起身，亮祖爷仪式正式开始。

图 4-6　关云德与三位萨满跪在祖爷面前

## 第四章 罗关家族祭祀仪式

穆昆达和其他人站到一边，三位萨满站在原地，敲起神鼓，鼓声响彻神堂。萨满关连福开始唱诵神歌，唱词如下：

> 佛珠雅博伏朱非，
> 依车雅博爱林非，
> 宁尼博，爱林非，
> 吴拉根博发雅非，
> 吴文德，吴奇尼，
> 唐无阿尼雅唐无阿库。
> 尼木朱阿尼雅尼木朱阿库。

此段神词的大意为：开天辟地以来，今年有好收成，我们来祭祖，带毛的猪准备好了，祈求家族神灵保佑百年无灾祸，60年无病。①

神词唱完之后，接着就是"亮祖爷"。在"亮祖爷"之前，罗关家族成员要先在神堂外面放鞭炮，萨满关连福和关长继将"祖爷匣子"请下来。"祖爷匣子"两侧分别写有：一族奉祀至诚，百代恩泽绵长；横批为"神书敬上"。在请"祖爷匣子"的同时，罗关家族成员要跪在神堂中，待"祖爷匣子"请下之后，方可起身。

图 4-7　萨满将"祖爷匣子"取下来　　图 4-8　请出祖爷象征物——索利条

---

① 访谈对象：关连福，男，49 岁。访谈人：孟慧英、于洋。访谈时间：2013 年 1 月 8 日。

满族罗关穆昆续谱与祭祖考察

图4-9 请出神器　　　　图4-10 摆放祭器

　　萨满关连福和关长继将"祖爷匣子"请下之后，放到神堂的西炕上。萨满关长兴和关长继二人在西炕上先是固定2根高约80厘米的形状像Y的木棒，两根木棒之间的间距约为1.5米，后在两根木棒上搭一个木杆。准备就绪后，萨满关连福和关长继将"祖爷匣子"打开，请出"祖爷匣子"里面的神灵。据罗关家族萨满关连福介绍，罗关家族共有神灵12位，其中11位用"梭力条子"（布条）表示，1位用轰务（铜铃）表示。其中轰务代表的是鹰神，另外11位神灵分别为：沙拉嘎吉贝子、苏禄莫林阿占爷、扎破占赊夫、爱心塔斯哈、阿布卡朱色、索林恩杜力、牛浑太子、嘎斯哈、牛郎阿贝子、浑浑贝子、乌林依然恩杜力。关连福小心翼翼地将11位象征神灵的神偶搭到横杆上，然后取出9组轰务，放到神案子上。据罗关家族成员介绍，家族的轰务数量不是固定的，而是能够自由来去，视罗关家族的香火是否旺盛而增多或减少。这9组轰务分别为牛录轰务、伊然轰务和孙扎轰务。

图4-11 轰务

"祖爷匣子"里的九组轰务，萨满祭祀时只用四组，每组五个。其余五组中有一个大的轰务，是鹰神，剩下三到五个，数量不等。这些轰务非铜非铁，不是人工所为。据老萨满讲述，这些东西都是自个儿来的。民国八年，西哈什玛屯锅头关云绍家烧太平香，接祖爷时走到腰哈什玛屯西河岗子前边时，就听到"祖爷匣子"里有晃铃响，以为是摇晃所致没有在意，等到家萨满摆神案时，发现轰务多了一组。

第二次是1986年春节，本族锅头关云闪年三十晚上接完神吃饺子去关云春家给祖爷磕头时，听到西墙"祖爷匣子"里面的晃铃响，云闪当时就说，来到龙年了，老祖爷忙着烧香了。正月初九"亮祖爷"时，云刚萨满说，又来了一组轰务。①

关云德也说，这些神晃子最有灵性，自己会来，也会走。有时候少，有时候多，没有定数，每次都不一样。上次祭祖的时候，关云德就听到箱子里晃铃响，打开一看，里面就多出了一组。就这个事儿，他曾打电话向研究萨满文化的专家富育光先生请教，富先生告诉他，"这象征着你家族兴旺，它自己就会来"。

接着，萨满关长继又将一张萨满神图挂在西墙上，这张神图是家族穆昆达关云德根据家族萨满的故事绘制的。该神图是用白布绘制的，长约2米，宽约1米。神图上绘有八位萨满神楼子，其中有一位女萨满。神楼子周围绘有虎神、蟒神和乌鸦神。"亮祖爷"摆完神案后，几位萨满开始摆供品。

神案前的祭器摆放规则如下：第一排摆放12个酒盅，摆放在中间的两个高脚铜制酒盅里面分别装有白酒和红酒，其余酒盅装米儿酒。第二排摆放一个铜碗，中间有一个小酒盅，神案的北侧摆放两组轰务。第三排摆放两个香碗，两个烛台。接着，萨满在香碗中装上碾制好的年息香并点燃。供桌上再外边一点的角上摆着烧香用的石槽，石槽一共有4个，一边2个。

---

① 访谈对象：关云德，男，64岁。访谈人：孟慧英、于洋。访谈时间：2013年1月5日。

有一个紫铜酒壶,据说有300年以上的历史,是祖上传下来的,还有点蜡烛用的烛台等都是老物件。各个物件都有固定的名称,放"祖爷匣子"的叫神龛架,平板叫"祖爷板儿",把神龛架固定在墙上的支架叫"祖爷腿儿","祖爷腿儿"上挂着用黄布制作的索口袋,上面还写着满文,烧一次香换一次索。

图4-12 亮祖爷、摆祭器

"亮祖爷"、摆神案之后,萨满关连福和关长兴又在南炕梢上摆放两位"外来妈妈神"的神位,其中一位是"金盔妈妈",另一位是"歪立妈妈"。据萨满关连福介绍,"金盔妈妈"原是老关家的姑奶奶,其父只有她这么一个女儿,父亲去世后,她曾把祖爷带到婆家,婆家不让她祭祀,她就杀了一只鸡祭祖。第二位神灵为"歪立妈妈",原神位在厨房的东南角,祭祀时请到南炕梢。据萨满关连福介绍,这位神灵是明朝辽东总兵李成梁之妾,因救努尔哈赤有功,而被满族人供奉为神灵。这两位神灵没有具体的偶像或神案,只是在其供奉处摆放供品。供品的具体摆放规则是,在盘子中并排摆放鸡头3件、鸡身2件、鸡膀子2件、鸡脚2件,前面一排摆酒盅3个,倒有米儿酒,最前排摆3个盘子,盘子间放有两双筷子。

摆设完毕,外面燃起了鞭炮。关长兴、关长继两位萨满站成一排,穿好神裙,戴好神帽,随着击鼓声响起,跳起了萨满舞、甩起了腰铃,但没有唱神词。八位穿戴整齐的神鼓手分列堂子两侧,头戴礼帽、身穿深蓝色镶蓝边对襟马褂,手拿神鼓、神鞭。在堂子屋北侧,地上放着一个抬鼓,抬鼓手是一位年轻、帅气的小伙子。帮鼓手分站两边,一边4个,加上抬鼓手,一共9人。整个过程,族人需一直跪着。大约10分钟,鼓声停止,萨满脱掉神服,"亮祖爷"仪式到此便结束了。

图 4-13 南炕梢上两位"外来妈妈神"的神位

图 4-14 萨满在神前击鼓

11:30左右，罗关家族族人组成的秧歌队，男、女各12人，身着民族服装，在亮谱祭祖的房前扭起了秧歌。关长双负责主持娱乐活动，所以最卖力。此时鞭炮轰鸣，鼓声阵阵，伴着外面大喇叭里放出的音乐，大家开始欢快地跳起来，呈现出一派热闹景象。他们从房前扭到了大街上，像是在庆祝一个很重大的节日一样，每个人都喜气洋洋的。随着时代的发展，传统的仪式也在发生变化。对这种融合了现代娱乐元素的做法，一些上了年纪的人认为不严肃，表示出轻微的不满和反感。关长德说："以前祭祖活动没有扭秧歌，祭祖不是娱乐，扭秧歌不成娱乐了吗？"

图4-15　扭秧歌的族人

午饭时分，三位萨满单独在堂子南炕上吃饭，按理这是家族中辈分最高的人才能享受的待遇。几位萨满吃过饭，就地聚在炕上的小饭桌边商讨下面的仪式活动，对采取什么方式请神，他们之间显然出现了分歧。老成持重的关长继说："还是按老萨满留下来的做吧。"关连福问："你说老萨满怎么说的呢？"之后是长久的沉默。关连福抬头向围观的众人解释说："我们仨就是研究研究。"三人对怎么请神意见并不统一，由于涉及家族内部的隐情，我们没有办法更进一步知道他们争执的内容和最后结果。我们看到作为主祭萨满的关连福不断地拿着手机在听，里面的录音是萨满唱的神歌，存到手机里随时可以听一段，反复默诵，以加强记忆。

关连福说："我参加这类活动十次开外了，从1985年开始学的表演，1986年烧了一次香，始终没有间断过，参加过两回外边的活动，长白山那

第四章 罗关家族祭祀仪式

图 4-16 三位萨满在吃饭

次我也参加了。在这屋是第四次，族人有病有灾请祖爷烧香两次。我现在穿的衣服是掌坛的衣服，不给外边看病，给家里人在这儿看。我们三个之间有分工，我晚上不唱，明天我唱。"

下午2:10，罗关家族在外界最有影响力的人物关长玉从长春赶来拜祖，他今年79岁，精神状态不错，是该屯老萨满关云章之子。他曾担任过吉林省委秘书长和吉林国际经济合作发展公司董事长，现退休在家。他进来先给神案上的祖爷和北面墙上谱匣子磕头，然后到外屋给灶神和柳枝神磕头。他的到来引起大家的注意，纷纷围上来跟他握手，听他讲话。他说："祭祖活动不要隔那么长时间，几年可以搞一次，钱不成问题，不要担心，要搞得红红火火的，这样家族也能发展，越来越兴旺。"

这时关云德插话说："我们家族搞这次活动，长玉、长富做了大贡献，对得起老祖宗。"

关长玉接着说："云德非常不容易，堂子建起来有了活动场所，召集大家开会也有地方了，不能忘了老祖宗，这是供老祖爷的地方。从大的方面来说，没有政府、民族的支持，就没有萨满文化的发展。我们也要改革，12

图 4-17　关长玉与大家交谈

图 4-18　关长玉接受采访

年一次祭祖时间太长，为了发展萨满文化，发展民族文化，可以几年搞一次。"

我们利用间隙采访了关连玉。关连玉，男，1997年生人，现在九台三中读初三，为了这次活动特意从九台赶过来。

问："这次续家谱你的名字上了吗？有什么感受？"

答："名字上谱之后有种自豪感。以后我工作挣钱了，把这样的活动争取搞得更大些。"

问："想不想当萨满文化传承人？"

答："如果有人推荐我当萨满，我不会拒绝，但也害怕不能胜任。"

下午3：00，开始准备跳饽饽神。写有满文的蒸笼屉、秸秆帘子放在厨房北侧灶台上，柴火已在燃烧，准备祭祀供品的锅头们换上满族传统服饰：清一色的深蓝色斜襟长袍，每人一条白色毛巾。

图4-19 家族的锅头们

锅头将江米（糯米，以前是大黄米）淘洗好，端到堂子里。锅头关长旭先将由柳木制成的、形状似小船的槽盆拿到神堂中央。放好后，萨满分别单膝跪于槽盆两侧，面向神堂门外，敲起神鼓迎请祭祀用米。与此同时，抬鼓手也开始敲鼓，八位帮鼓手站在神堂的四周帮鼓。在咚咚的鼓声中，锅头们将淘洗好的米一盆一盆地倒入槽盆之中。

米倒入槽盆之后，几位萨满站起并转向西墙神案，敲了一会儿神鼓之后，萨满关长兴开始唱诵神歌：

图 4-20　江米祭神

那伯西拉拉，

那拉浑仙朱那拉浑，

那丹依那拉浑那拉浑仙朱，

朱禄洪磨，

朱可磨沃利合，

阿牙萨玛勃牛，

阿牙萨玛新我林，

恩杜里玛发所力末。

安巴沙，朱克他，

按巴熬木朱阿那末，

阿烟敖木朱阿拉非，

波浑敖木朱波合非，

阿烟仙博阿那末，

朱禄仙博朱勒西打不非。

那拉拉博韩其德打不非。

这段神词的大意为：满族根基，神幌子神位前，属牛和属鼠的萨满请

图 4-21 萨满吟唱神歌

神灵享用供品。净水淘米，米淘干净，年息香、汉香都燃上了，并献上好酒一坛。①

随后身穿神服、头戴神帽、手拿神鼓的两位萨满围着槽盆敲鼓，其余帮鼓手随着萨满的鼓点一起伴鼓，萨满的鼓时而放在槽盆上方对着供米敲震，时而围着槽盆环敲，一时鼓声大震，如雷声席卷，此为震米。关姓人说，围着米敲鼓，鼓是在米和神之间进行交流，告诉神灵我们是用最好的米来给祖先神灵做供品。

图 4-22 震米

---

① 访谈对象：关长继，男，45岁。访谈人：孟慧英、于洋。访谈时间：2013年1月5日。

神堂外面厨房火堂中的火已经烧得很旺，热气从锅中不断地蒸腾出来，淘洗好的米可以放到锅中蒸了。十几分钟后，神堂中的鼓声再次响起，几位萨满一边敲着神鼓，一边来到厨房，锅头关长旭和关云闪将槽盆中的米装到盆里，然后拿到厨房中，再放到锅里面蒸制。在上米的同时，几位萨满围着灶台敲着神鼓。上完米后，两位锅头跪在锅台旁边叩拜，口中念道："顺喜、顺喜"。之后，锅头将锅盖盖好，并将打糕用的木制榔头放在锅盖上，呈十字形。

图4-23　关云德与锅头在舀米　　　　图4-24　将米放入蒸笼中

锅头关云闪说，在蒸打糕上米的时候，要将米上到锅中串气的地方，以防"夹生"。

米蒸制熟了，神堂内部的鼓声再次响起，萨满关长兴一边甩着"腰铃趟子"，一边敲着神鼓走进神堂，其他几位萨满跟在其后帮鼓，一直走到西墙的神案前，关长兴开始唱起跳饽饽神的神词：

> 那伯西拉拉，
> 那拉浑仙朱那拉浑，
> 那丹依那拉浑那拉浑仙朱，
> 朱禄洪磨，
> 朱可磨沃利合，
> 阿牙萨玛勃牛，
> 阿牙萨玛新我林，

第四章 罗关家族祭祀仪式

恩杜里玛发所力末。
安巴沙，朱克他，
按巴熬木朱阿那末，
阿烟敖木朱阿拉非，
波浑敖木朱波合非，
阿烟仙博阿那末，
朱禄仙博朱勒西打不非。
那拉拉博韩其德打不非。
佛乌必牙波佛朱非，
一车必牙波哀林非。
宁尼波哀林非，
戎林戎今卧非。
博得三人太宾沃非，
朱克存末朱勒西西朱和勒西，
卧车库波卧西浑根勒非，
朱勒宁戎米勒西卧合，
卧士宁戎五里合。
阿烟阿木朱阿拉非，
波浑敖木朱波合非，
阿烟仙博阿纳木打不非，
朱禄仙博朱勒西打不非阿成含坛，
含七外打不非，
占七牛录匝卡多不非，
波得五吉合波从五许朱，
火龙五吉合火从五许朱，
发哈波发牙，
凤阿波伏朱非，
英阿波以射非，
发兰得外打非，

97

的林得多不非。
五由波哀力非书克敦波洒力非翁阿牙吉皮,
朱射我末洛分车非,
恩德不合巴波恩阿七歪力查,
拉不合巴波查坤歪,
佛根得佛根朱发兰德飞丹朱,
仙人牙门哀丹朱,
吉林波吴末太太不勒,
吉遇波太山不勒,
白滩卧七宁,
三太三七涅,
昂阿五我所托洛,
乌朱秃力杀托洛,
阿干得阿七涅单巴得打土城,
伏禄父子亲,
伏禄朱特末,
阿那妈父子亲,
那妈经宁的,
白滩宁我白滩卧其涅,
朱特宁我朱卧七涅,
卧七宁我五里合,
阿凡德阿涅,
五库德五涅,
我韩一能俄者不,
唐无阿你阿唐无阿库,
尼木朱阿尼阿尼木朱拉库。

此段神词的大意为：满族根基，神幌子神位前，属牛和属鼠的萨满请神灵享用供品。净水淘米，米淘干净，年息香、汉香都燃上了，并献上好

第四章 罗关家族祭祀仪式

酒一坛。转新年,换新月,丰收祭祖。神前孝祖,供物打糕已经摆上,年息香已经燃好,米儿酒、烧酒各一坛。家内献上的乌猪俊美好看,应灵神桌放到炕上,供品样样摆上,请神灵保佑百年无灾,60年无病。①

神歌唱毕,锅头将一块圆形的打糕石抬到神堂中央,底下垫上谷草,几位萨满转过身开始绕着打糕石敲起神鼓。这块打糕石中间成凹状,锅头将蒸好的米放到打糕石上,蒸好的米要经过捶打后方可做打糕。半盆温水放在打糕石的一侧,要边打边洒水,水象征着雨。锅头将蒸煮好的米放入打糕石内,由穆昆达及族人拿着榔头轮番捶打黄米,直到黄米可以垂直拉起来为止。每打一下,就淋一次水。两个人对打的时候,要左一下,右一下。

在穆昆达关云德的带领下,罗关家族的男性成员两两一组,拿起木制的打糕榔头,面对面打糕,每打一下,手都要更换一下动作,呈"∞"形。此时,神堂中的气氛很是活跃,男人们彼此之间互相交换打糕榔头,几乎每个人都参与了打制打糕。锅头关云多告诉我们,打糕是最好的食品,将其献给祖先,一方面表示罗关家族成员对祖先的尊重,另一方面打糕的"黏"性也象征着罗关家族成员紧紧地团结在一起。

神堂的南炕上已经准备好了方桌,罗关家族6位小姑娘准备搓打糕。

图4-25 打糕

① 访谈对象:关长兴,男,45岁。访谈人:孟慧英、于洋。访谈时间:2013年1月6日。

图 4-26 做打糕的罗关家族少女

她们身穿满族传统白底红花镶边斜襟旗袍，头戴大拉翅，净手之后跪在南炕的桌子旁。

主萨满关连福穿上神服。他将拉芡好的米团端到南炕的桌子上，几张桌子已经由穆昆达关云德事先撒上了黄豆面，6 位罗关家族少女要将拉芡好的米团捏成长约 10 厘米、宽约 4 厘米牛舌头状的打糕，而后萨满将她们做好的打糕整齐地摆放在盘子中。

做好的打糕要先敬献给神灵，萨满关连福和关长继在西墙祖爷的神案子前一共献上 6 盘打糕，其中 2 盘装有 11 条打糕，另外 4 盘装有 8 条打糕。接着，萨满关连福又在"金盔妈妈"和"歪立妈妈"的神位前献上 3 盘打糕，每盘中装有 11 条打糕。最后，萨满关长继在北炕的谱匣子前、外屋北锅台的灶王爷神位前以及外屋的东南角"歪立妈妈"原来的神位上各摆上一盘打糕，其中前两个神位前的盘子里的打糕为 11 条，后一个神位前的盘子里的打糕为 13 条。

将一部分打糕献给神灵之后，剩下的打糕由族人分享，俗信吃祭祀用的打糕可以身体康健。

第四章 罗关家族祭祀仪式

图4-27 制作打糕

图4-28 敬给祖爷的打糕　　图4-29 敬给南炕二位妈妈神的打糕

下午6：00，开始"给祖爷穿袍"。所谓"给祖爷穿袍"，就是将横杆上挂有象征神灵的神偶的"马褂"上面再缝一层红布，以此表示给祖先神灵穿袍。根据上次祭祖时的统计，罗关家族的祖爷马褂一共有108

101

层，加上这次一共有 109 层。罗关家族每祭祖一次，都要给祖爷穿一次袍，由此我们可以推测，罗关家族的此种祭祀已经进行了 109 次。袍的每一层由不同图案、不同面料所组成，早一点的为褐色、米黄色织锦缎，素色织锦缎，真丝缎，黄色牡丹花织锦缎，粉色几何纹绸缎，日本红色细布，其中有些已变成黑色的了，近几次的袍用料是红色棉布。

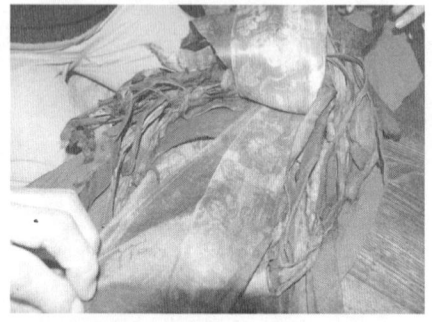

图 4-30　以往的祖爷袍

袍的长短是由萨满根据之前所穿袍的长短和宽窄来确定，比之前的袍要稍微大一些。此次的袍长 70~80 厘米，宽 30~50 厘米。少女们手拿穿好红线的针将红布"袍"与每一件祖爷之前的袍缝合在一起。

图 4-31　萨满在丈量"袍"的尺寸

图 4 – 32　姑娘们将新红布缝在祖爷象征物的最外面

图 4 – 33　祖爷全部穿上新袍子

## 第二节　祭祀第二天——跳肉神、背灯祭

第二天早上 8：00 左右，太阳刚刚升起，萨满就在门口接神了。堂子中的萨满在神案前跳起了神舞，一边跳一边向后退，来到了厨房中间，在厨房门口，一位关姓家族女性穿着满族传统服饰——红色格格服，头戴大拉翅，跪在门口处，手托一个茶盘，茶盘上放有一只碗，碗内由穆昆达关云德倒入酒。据萨满关连福介绍，过去烧太平香时，门口请神需要由家族中每户人家的女主人来操作。由于罗关家族的神堂平时由家族成员关云

图 4-34　穆昆达倒酒　　　　图 4-35　萨满门前请神

春照管,所以罗关家族这次烧香就由关云春的妻子杨慧兰来请神。

罗关家族这次门前请神由萨满关长兴主持,他用鼓鞭蘸了一下酒盅中的酒,将鼓鞭上的酒敬天敬地,接着又拿起酒盅给杨慧兰喝了一口酒,之后将酒盅放回碟中。其他萨满在后面帮鼓。之后,萨满关长兴一边敲击神鼓,一边用满语唱起门口请神神歌:

> 达巴桑扎,巴那我真,
> 阿巴伯,西拉拉,
> 阿布卡波希拉拉,
> 安巴仙朱拿不西拉拉,
> 那丹一那拉浑,
> 朱禄轰务,
> 朱可存末,
> 恩都力许朱,
> 佛乌必雅伏朱非,
> 一车必牙波哀林非。

## 第四章　罗关家族祭祀仪式

宁尼波哀林非，
戎林我今卧非，
阿烟阿木朱阿拉非，
波浑敖木朱波合非，
阿烟仙博阿纳木打不非，
朱禄仙博朱勒西打不非阿成含坛，
含七外打不非，
占七牛录匝卡多不非，
波得五吉合波从五许朱，
火龙五吉合火从五许朱，
发哈波发牙，
风阿波伏朱非，
英阿波以射非，
发兰得外打非，
的林得多不非。
五由波哀力非书克敦波洒力非翁阿牙吉皮，
朱射我末洛分车非，
恩德不合巴波恩阿七歪力查，
拉不合巴波查坤歪，
佛根得佛根朱发兰德飞丹朱，
仙人牙门哀丹朱，
吉林波吴末太太不勒，
吉遇波太山不勒，
白滩卧七宁，
三太三七涅，
昂阿五我所托洛，
乌朱尧力杀托洛，
阿干得阿七涅单巴得打土城，
伏禄父子亲，

伏禄朱特末，

阿那妈父子亲，

那妈经宁的，

白滩宁我白滩卧其涅，

朱特宁我朱卧七涅，

卧七宁我五里合，

阿凡德阿涅，

五库德五涅，

我韩一能俄者不，

唐无阿你阿唐无阿库，

尼木朱阿尼阿尼木朱拉库。

　　此段神词的大意为：开辟以来，立天立地，供奉先祖，洪祖根基，供物已经摆上，神幌子摆上，请各位神灵降临神坛。转新年，换新月，丰收祭祖。神前孝祖，供物打糕已经摆上，年息香已经燃好，米儿酒、烧酒各一坛。家内献上的乌猪俊美好看，应灵神桌放到炕上，供品样样摆上，请神灵保佑百年无灾，60年无病。①

　　早上8：00，79岁的关长玉在屋檐下敲起了大鼓，关云德也换上了满族传统服饰：头戴蓝色团花镶黄边的织锦缎瓜皮帽，身穿蓝色暗花织锦缎长袍，长袍袖口镶白色边，长袍外再套上一件黑底红色团花镶红边的织锦缎坎肩。

　　上午是跳肉神，锅头们早早地来到堂子，首先准备"摆件子"用的槽盆，槽盆是一个类似船形的木制的盆，两头尖，中间宽。早先祭祀用的黑猪需是专门人家喂养的，重量要有200多斤，黑毛白皮。抓猪也很有讲究，整个过程不能捆绑黑猪，要是绑了，祖爷会不高兴。

　　祭祖期间，萨满都不回家而是住在堂子里。今天关连福要主持跳肉神，并唱神词。

---

① 访谈对象：关长兴，男，45岁。访谈人：孟慧英、于洋。访谈时间：2013年1月6日。

第四章　罗关家族祭祀仪式

图 4 - 36　关云德与关长玉

图 4 - 37　摆件子用的槽盆

　　8：30 左右，鼓手和萨满陆续来到了堂子，鼓手手拿神鼓与神鞭，精神抖擞地等待着仪式活动开始。满族烧香祭神中，献牲所进行的"领牲"、"摆件子"仪式，俗称"跳肉神"。早上 8：00 准备工作就已开始了，三位萨满穿上神服、戴上神帽，在神案前开始击鼓，大小鼓手伴奏。

　　萨满关连福换上了萨满服：头戴神帽与珠帘，上身穿白色立领马褂，外套墨绿色镶黄色牙子、黑色布边的绸缎坎肩，坎肩前后两片用黑色牙子绳连接，坎肩的前后身各镶有 12 个金黄色小圆圈和 2 个金黄色大圆圈，类

107

图4-38 鼓手们

似铜镜；下身穿白色神裙，腰间佩挂腰铃，手拿神鼓、神鞭。另两位萨满也穿上了"亮祖爷"时的那套萨满服，只是不戴萨满帽。

观看1986年罗关家族祭祖活动的照片，发现当时的老萨满关云刚和关云章只身着白大褂，都没有戴神帽。听人介绍，现在萨满的神帽和萨满服都是后做的，参照文献资料制作而成，是为了突出满族文化特色，使人们看起来更像是一个地道的民俗活动。更有人说，服饰上的变化也算是一种变革，以前没有神帽，光头，穿白布衫，现在不一样了。

图4-39 关连福的萨满服饰　　图4-40 其他两位萨满的服装

第四章　罗关家族祭祀仪式

萨满们在神案前跳起了萨满舞，甩起了腰铃，萨满在神前念诵神词，请神领牲。与此同时，20多人组成的秧歌队在院子外面扭起了秧歌。

图4-41　萨满帽

图4-42　神前诵念萨满神词

萨满关长继和关连福带着族人到猪圈中去请献祭猪，献给神灵的猪是不能捆绑的，而是需要族人把这只猪赶到神堂之中。在这一过程中，两位萨满敲鼓在前面引导，一直将猪引至神堂门口。来到神堂门口，锅头关云多等将猪抬到神堂之中。以往还要进行踩神猪仪式，踩在猪身上击鼓唱神歌，然后用白酒灌入猪的耳朵内，如果耳朵动了，说明献给祖先的猪获得了神灵的接受；如果猪耳朵不动，说明神不满意，萨满和族人就要检讨自己的过失，重复唱神歌，反复灌酒，直到猪耳朵扇动为止。现在的祭祖仪式越来越简化，已经没有过去那么严格的要求了。

此时神堂中鼓声咚咚，锅头们将猪放到早已准备好的方桌上，猪的头朝西，锅头关长旭单膝跪地，左手拿着刀，刀把上垫着毛巾，开始杀猪，另一位锅头关云闪将盆放在刀口处接血，同时用筷子搅动流到盆中的猪血，以免猪血凝固，其他人则按住猪。在鼓声中，猪被杀死，接着锅头们将猪抬出去燎毛。

图 4-43　萨满从神堂往外走，到外面去领牲

图 4-44　萨满前往猪圈

图 4-45　抬到神堂的献祭猪

图 4-46　给猪燖毛

第四章　罗关家族祭祀仪式

在给献祭猪燂毛的间歇，罗关家族举行了一次名为"满州镶红旗呼伦瓜尔佳氏续谱祭祖"的仪式。参加这次祭祖仪式的人员除了罗关家族的成员外，还有来自北京、大连、长春等地的高校以及科研单位的学者，这些人共同构成了罗关家族祭祖庆典的参与主体。

图 4-47　开幕仪式，话筒前为关云蛟

这次活动由家族成员关云蛟主持，他已年过七旬，家住吉林市，是罗关家族大太爷支成员，吉林省满族联谊会的理事，研究满族文化的地方学者。首先，关云蛟作为主持人致开幕词，代表罗关家族对大家的到来表示诚挚的谢意和热烈的欢迎。他逐一介绍了出席典礼的领导和学术界的代表，又简要介绍了罗关家族的历史源流和祭祖的意义。然后是学术界的代表和罗关家族的荣誉会长关长玉讲话。

仪式结束之后，鞭炮齐鸣，罗关家族成员纷纷穿上秧歌服，在欢快的鼓乐声中，他们每人手中拿一把扇子、一条手绢，男女成对欢快地扭起了满族大秧歌。顿时，整个罗关家族沉浸在欢乐的气氛之中。

关长旭和关云闪两位锅头在厨房将献祭猪毛燂干净后，几位锅头将猪抬到神堂厨房之中，开始卸猪。据罗关家族的锅头关云闪介绍，卸猪这项

111

图4-48　吉林省社会科学院民族所所长朱立春讲话

图4-49　满族大秧歌

工作是很有讲究的,因为跳肉神需要"摆件子"。

几位锅头将猪抬到神堂厨房之中,放到一张方桌上,献祭猪四脚朝天。锅头关云多开始卸猪,第一刀,先将猪的头部卸下;第二刀,将猪的腹部呈椭圆形卸下；第三刀，割掉猪的尿脐子；第四刀，卸掉猪的左前蹄；第五刀，卸掉猪的右整腿；第六刀，卸掉猪的脖子圈；第七刀，卸掉猪的左前腿；第八刀，在猪的背部两侧各卸去一块肉方；第九刀，在猪的右前胸部卸去一块肉方；第十刀，卸去猪的右后整腿；第十一刀，卸去猪的左后整腿；第十二刀，卸去猪的臀部；第十三刀，将猪的胸腔切开。卸完后，整个猪一共被分为11份。锅头们随后将这些猪肉放到厨房的锅中煮了起来，待煮到八分熟之后，就可以摆件了。

图4-50 摆件子

此时，萨满关连福、关长继以及关长兴已经穿好萨满服，准备跳肉神。大约半小时后，猪肉已经煮到七分熟时，几位锅头将猪肉从锅中捞出，开始准备摆件子。此时，神堂中的鼓声已经开始咚咚地敲起，锅头关长旭将槽盆放于神堂的中央，接着在里面铺好红布。锅头们将猪肉件子拿到神堂中，将其拼合成整猪的形状。

摆件子完毕，萨满关连福开始跳肉神，其他两位萨满和鼓手则站在一旁帮鼓。萨满在神案前扭动腰部，双脚不动，靠腰部力量晃动腰铃，发出哗哗的响声，金属碰撞的声音震人心魄。

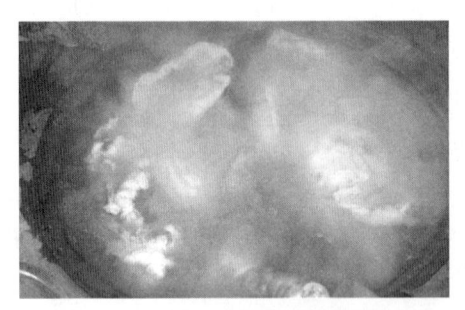

图 4-51　卸好的猪肉件子　　　　图 4-52　锅头们在摆件子

图 4-53　摆好件子的祭祀猪

图 4-54　神前唱念祭祀神词

萨满围着木槽盆里供祭的神猪绕行几周，边敲鼓边转。回到神案前，敲鼓的同时，关连福半蹲下身子，就像"打千"的样子，表示对祖爷的敬意。

图 4 – 55　关姓萨满独特的姑娘舞　　　　图 4 – 56　围绕祭祀猪敲鼓

锅头们也在槽盆边上跪下。萨满关连福说，跳肉神一共分为四铺神，每一铺神所宴请的神灵不同。其中第一铺神为五大支祖先，因为罗关家族原来没有祭祖活动，有了五大支以后才有这种祭祀活动，所以第一铺神要宴请五大支祖先，关连福唱道：

> 镐陶，挠尧，
> 猛卧洛兆月奢，
> 阿打哈诺林阿，
> 依兰所林哈，
> 安巴敖木朱为乐非，
> 苏拉波谁它非。
> 阿烟阿木朱阿拉非，
> 波浑敖木朱波合非，
> 阿烟仙博阿纳木打不非，
> 朱禄仙博朱勒西打不非阿成含坛，
> 含七外打不非，
> 占七牛录匪卡多不非，
> 波得五吉合波从五许朱，
> 火龙五吉合火从五许朱，
> 发哈波发牙，
> 风阿波伏朱非，

115

英阿波以射非，
发兰得外打非，
的林得多不非。
五由波哀力非书克敦波洒力非翁阿牙吉皮，
朱射我末洛分车非，
恩德不合巴波恩阿七歪力查，
拉不合巴波查坤歪，
佛根得佛根朱发兰德飞丹朱，
仙人牙门哀丹朱，
吉林波吴末太太不勒，
吉遇波太山不勒，
白滩卧七宁，
三太三七涅，
昂阿五我所托洛，
乌朱秃力杀托洛，
阿干得阿七涅单巴得打土城，
伏禄父子亲，
伏禄朱特末，
阿那妈父子亲，
那妈经宁的，
白滩宁我白滩卧其涅，
朱特宁我朱卧七涅，
卧七宁我五里合，
阿凡德阿涅，
五库德五涅，
我韩一能俄者不，
唐无阿你阿唐无阿库，
尼木朱阿尼阿尼木朱拉库。

这段神词的大意为：先列、先祖、祭祀神灵，各位神灵应邀此门，祭祀开始。转新年，换新月，丰收祭祖。神前孝祖，供物打糕已经摆上，年息香已经燃好，米儿酒、烧酒各一坛。家内献上的乌猪俊美好看，应灵神桌放到炕上，供品样样摆上，请神灵保佑百年无灾，60年无病。①

关连福一边唱着神歌，一边敲击神鼓，唱完神歌，鼓点由"老三点"变为"快五点"，同时萨满关连福也向后走腰铃趟子，这象征着神灵离去的步履，每走完一次腰铃趟子也象征着跳完一铺神。

图 4-57　走腰铃趟子　　　　图 4-58　拜鼓

此后，关连福开始跳第二铺神，敲了一阵神鼓之后，关连福继续唱道：

牛浑太子，
牛郎阿贝子，
沙拉嘎吉贝子。
博浑贝子博浑朱克滩，
安巴敖木朱为勒非，
苏拉波谁它非。
阿烟阿木朱阿拉非，
波浑敖木朱波合非，
阿烟仙博阿纳木打不非，
朱禄仙博朱勒西打不非阿成含坛，

---

① 访谈对象：关连福，男，49岁。访谈人：孟慧英、于洋。访谈时间：2013年1月7日。

含七外打不非，
占七牛录匝卡多不非，
波得五吉合波从五许朱，
火龙五吉合火从五许朱，
发哈波发牙，
凤阿波伏朱非，
英阿波以射非，
发兰得外打非，
的林得多不非。
五由波哀力非书克敦波洒力非翁阿牙吉皮，
朱射我末洛分车非，
恩德不合巴波恩阿七歪力查，
拉不合巴波查坤歪，
佛根得佛根朱发兰德飞丹朱，
仙人牙门哀丹朱，
吉林波吴末太太不勒，
吉遇波太山不勒，
白滩卧七宁，
三太三七涅，
昂阿五我所托洛，
乌朱秃力杀托洛，
阿干得阿七涅单巴得打土城，
伏禄父子亲，
伏禄朱特末，
阿那妈父子亲，
那妈经宁的，
白滩宁我白滩卧其涅，
朱特宁我朱卧七涅，
卧七宁我五里合，

第四章　罗关家族祭祀仪式

阿凡德阿涅，

五库德五涅，

我韩一能俄者不，

唐无阿你阿唐无阿库，

尼木朱阿尼阿尼木朱拉库。

这段神词的大意为：前辈有人，小萨满这里恭请牛浑太子、牛郎阿贝子、沙拉嘎吉贝子等神灵入座，供品已经摆上。转新年，换新月，丰收祭祖。神前孝祖，供物打糕已经摆上，年息香已经燃好，米儿酒、烧酒各一坛。家内献上的乌猪俊美好看，应灵神桌放到炕上，供品样样摆上，请神灵保佑百年无灾，60年无病。①

图 4-59　向神灵献猪

与跳第一铺神相同，萨满关连福在跳第二铺神的时候也重复了同样的动作程式。此时，萨满关长继放下神鼓，来到萨满关连福的身后，防止其进入昏迷状态后摔倒。

关连福跳的第三铺神是宴请罗关家族的各位萨满神，在跳这谱铺神的时候，关连福要表演出罗关家族历代萨满的特征。前文已经提到，罗关家族有一位萨满太太，所以关连福跳"姑娘袖"，以展现家族这位女萨满的特

---

① 访谈对象：关连福，男，49岁。访谈人：孟慧英、于洋。访谈时间：2013年1月7日。

119

征。另外，还有拿"轰务"（铃）跳神的动作，据说是罗关家族的一位萨满神生前领鹰神，所以这个动作是表现这位萨满的特征。

鼓声连续不断，在变换有序的鼓点中，萨满关连福开始跳第三铺神，他先是唱神歌，内容如下：

> 那丹一那拉浑，
> 那拉浑仙朱，
> 朱禄轰务，
> 朱克存末卧力合，
> 恩杜力非朱。
> 阿烟阿木朱阿拉非，
> 波浑敖木朱波合非，
> 阿烟仙博阿纳木打不非，
> 朱禄仙博朱勒西打不非阿成含坛，
> 含七外打不非，
> 占七牛录匣卡多不非，
> 波得五吉合波从五许朱，
> 火龙五吉合火从五许朱，
> 发哈波发牙，
> 凤阿波伏朱非，
> 英阿波以射非，
> 发兰得外打非，
> 的林得多不非。
> 五由波哀力非书克敦波洒力非翁阿牙吉皮，
> 朱射我末洛分车非，
> 恩德不合巴波恩阿七歪力查，
> 拉不合巴波查坤歪，
> 佛根得佛根朱发兰德飞丹朱，
> 仙人牙门哀丹朱，

## 第四章　罗关家族祭祀仪式

吉林波吴末太太不勒，
吉遇波太山不勒，
白滩卧七宁，
三太三七涅，
昂阿五我所托洛，
乌朱秃力杀托洛，
阿干得阿七涅单巴得打土城，
伏禄父子亲，
伏禄朱特末，
阿那妈父子亲，
那妈经宁的，
白滩宁我白滩卧其涅，
朱特宁我朱卧七涅，
卧七宁我五里合，
阿凡德阿涅，
五库德五涅，
我韩一能俄者不，
唐无阿你阿唐无阿库，
尼木朱阿尼阿尼木朱拉库。

这段神词的大意为：三位太爷、二位太爷、鹰神全部来到门前。转新年，换新月，丰收祭祖。神前孝祖，供物打糕已经摆上，年息香已经燃好，米儿酒、烧酒各一坛。家内献上的乌猪俊美好看，应灵神桌放到炕上，供品样样摆上，请神灵保佑百年无灾，60年无病。[1]

萨满关连福放下神鼓，将双手缩到神服的袖子里面，然后开始跳起"姑娘袖"。此时的鼓点为"五点"，萨满关连福将双手合拢，向右甩两下袖子之后，再向左甩三下，同时向后走腰铃趟子。萨满关长继一直跟在其后

---

[1] 访谈对象：关连福，男，49岁。访谈人：孟慧英、于洋。访谈时间：2013年1月7日。

并扶住其腰部，以防其昏迷摔倒。随后，萨满关连福又敲起神鼓，两手各拿一组轰务，他不断晃动轰务，绕着槽盆退着走。

图4-60 跳"姑娘袖"舞

他开始唱第四铺神神歌：

> 苏禄莫林阿占爷奢夫，
> 扎破占爷奢夫，
> 为浑德佛力勒，
> 为中阿奢夫，
> 不车德佛力勒，
> 波浑奢夫，
> 爱新巴他斯哈，
> 阿不凯朱色。
> 阿烟阿木朱阿拉非，
> 波浑敖木朱波合非，
> 阿烟仙博阿纳木打不非，
> 朱禄仙博朱勒西打不非阿成含坛，
> 含七外打不非，

## 第四章 罗关家族祭祀仪式

占七牛录匠卡多不非,
波得五吉合波从五许朱,
火龙五吉合火从五许朱,
发哈波发牙,
风阿波伏朱非,
英阿波以射非,
发兰得外打非,
的林得多不非。
五由波哀力非书克敦波洒力非翁阿牙吉皮,
朱射我末洛分车非,
恩德不合巴波恩阿七歪力查,
拉不合巴波查坤歪,
佛根得佛根朱发兰德飞丹朱,
仙人牙门哀丹朱,
吉林波吴末太太不勒,
吉遇波太山不勒,
白滩卧七宁,
三太三七涅,
昂阿五我所托洛,
乌朱秃力杀托洛,
阿干得阿七涅单巴得打土城,
伏禄父子亲,
伏禄朱特末,
阿那妈父子亲,
那妈经宁的,
白滩宁我白滩卧其涅,
朱特宁我朱卧七涅,
卧七宁我五里合,
阿凡德阿涅,

五库德五涅，

我韩一能俄者不，

唐无阿你阿唐无阿库，

尼木朱阿尼阿尼木朱拉库。

这段神词的大意为：双马神、蟒神等各位神灵祖爷，请进屋看供品，享用供品吧。转新年，换新月，丰收祭祖。神前孝祖，供物打糕已经摆上，年息香已经燃好，米儿酒、烧酒各一坛。家内献上的乌猪俊美好看，应灵神桌放到炕上，供品样样摆上，请神灵保佑百年无灾，60年无病。[①]

唱完这段神歌之后，关连福突然进入昏迷状态，他扔下手中的鼓，将槽盆中的猪头掰成两半，然后昏倒在地。

图4-61　萨满围着槽盆急鼓

图4-62　萨满关连福突然扔掉手中的鼓

图4-63　大萨满撕扯掉猪头

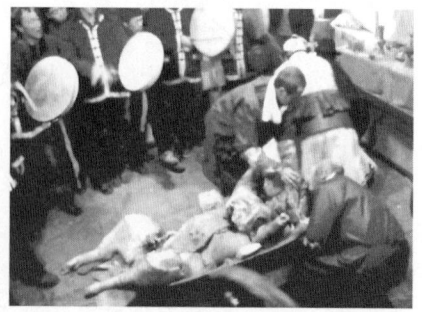

图4-64　锅头将猪头摆回原位

---

① 访谈对象：关连福，男，49岁。访谈人：孟慧英、于洋。访谈时间：2013年1月7日。

第四章　罗关家族祭祀仪式

这时屋里有人大声喊道："快点下跪。"罗关家族的人齐刷刷地跪了下来，已是神灵附体的关连福匍匐在地上爬行，嘴里断断续续地说了几句话，然后说"这次办的很好，来的人挺多的，好吃的也多，就是没有酒"。旁边的人立刻端来酒给他喝。过了一会儿，关连福被几个人扶上南炕，呼呼喘气休息片刻，醒转过来，但此时他眼神呆滞，一脸的倦容，仿佛大病了一场。

图 4-65　萨满、锅头、族长齐跪在神案前

此时鼓点变成"碎点"，全体族人都跪在神案前，逐渐苏醒的关连福被扶起。

萨满关长继开始唱神歌，内容如下：

达巴桑扎，
巴纳我真，
阿波卡西拉，
阿波仙朱那巴西拉。
恩德不合巴波，
享我七歪立，
查似浑歪立。
查拉布合巴波，
打不涅七打不力。

125

图 4–66　被扶起来后的关连福

图 4–67　关长继唱神词

这段神词的大意为：开辟以来，立天立地，供奉先祖，满族根基。如有过失，错处过多，求祖爷原谅。

神歌唱完之后，萨满带领族众起立，萨满关连福也恢复正常了，外面放起鞭炮，庆祝跳肉神顺利完成。之后，萨满在神案前又燃了一遍香，待香燃尽后，几位萨满磕头跪拜，在神案前将祖爷收到"祖爷匣子"中，然后再将"祖爷匣子"放回原处。

此时已经是中午，锅头们将槽盆中的猪肉取出送到厨房，罗关家族的媳妇们将这些猪肉烹制，待全族人共享，罗关家族成员将这顿饭称为"大肉饭"。锅头将祭过神的肉切成小块放进大锅里，俗称"喜庆肉"。喜猪的肉当天都要吃掉，不能剩，吃到祭祀神灵的猪肉被认为是吉祥、幸运的象征，所以又叫"吃喜兴肉"。这个仪式是求祖先保佑年年丰收、平安幸福。吃饭时，家族中的长辈被请到西屋的南炕上，同时萨满、锅头也被请到南炕上吃饭，萨满关连福用神案上的铜制酒盅喝酒，足以说明神职人员在此仪式中的重要地位。整个活动中，罗关家族的女眷们，负责煮饭、炒菜、收拾桌椅板凳等工作。

图 4-68　萨满和锅头在南炕上吃饭　　　图 4-69　在临时屋中就餐

中午休息时，当被问道萨满为何昏过去了，关云蛟解释说，晕过去是神一高兴，萨满就昏过去了。萨满关连福自己解释：有些神器摆放后又有人动了，祖爷生气了。

利用休息的时间，我们与参加活动的关玉武聊了一会儿。他说："这次活动对传承民族文化很有意义。但与预期的想法不太一样，感觉有点乱，有些东西也在变。我参加过2次，八几年一次，92年一次，都是老关家的祭祖活动，各地关氏家族的祭祀各有千秋，也有跳神的，规模没这个大，但程序规范，参加的人不多，谁家院大、富裕，就在谁家举办。"

下午5：10，击鼓宰猪，开始准备背灯祭。萨满关连福说：等天黑下

图 4-70　就餐的族人和来宾

图 4-71　一直在现场担任解说的关云蛟

来，天上星星出来才能进行背灯祭。这是祖先打猎的习俗，这个仪式一是庆祝今年丰收，二是祝愿来年风调雨顺。

罗关家族的背灯祭跟其他家族的不一样，其他家族举行背灯祭的时候要关门闭户，连院子都不让外人进。罗关家族不是这样，罗关家族祭祀的是北斗七星，过去氏族社会以渔猎为生，对星星很崇敬。关于背灯的传说有多种版本，人们普遍认为，背灯祭是祭祀"歪立妈妈"。因她救了努尔哈赤，遭到残暴拷打，死时一丝不挂，为缅怀其功，特立祭祀。由于她死于裸体，后人不便直见，于是设立背灯祭一项。

第四章　罗关家族祭祀仪式

晚上 7：00，萨满们开始穿上萨满服，关连福帮助关长继和关长兴系好神裙和腰铃，然后把神帽戴在关长兴的头上，关长继没有戴神帽。等两位萨满穿戴整齐，关长福大声喊道："大伙儿都到外边去，屋里马上就要闭灯了啊！"其他罗关家族的人陆陆续续离开房间。待大家都离开后，关长兴、关长继两位萨满一前一后，敲着鼓从室内踱到院落里，在离院门不远的地方点起一堆篝火。

祭祀开始，萨满打着神鼓来到祭祀猪圈养的地方进行领牲，在萨满的引领下，祭祀猪乖乖地跟着锅头们来到了院子中央，锅头们将它抬到桌子上。萨满关连福没有穿萨满神服，另两位萨满穿着蓝色的萨满神服，系上腰铃，拿着神鼓和神鞭。在萨满关连福的带领下，另两位萨满围着桌子敲打着神鼓，甩着腰铃，由锅头们宰杀祭祀猪，这头猪大约 200 斤。

图 4-72　萨满围着猪敲鼓　　　　图 4-73　锅头在取猪皮

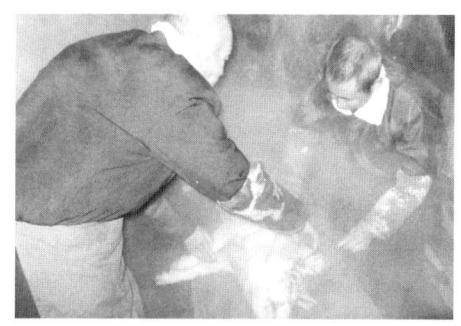

宰杀完猪之后，几位年轻人将猪抬到锅灶处煺毛。萨满关连福告诉我们，罗关家族的背灯祭摆件要用"生件子"，换言之，猪卸好后不用放到锅中煮，而是直接摆件。大约半个小时后，猪毛已经煺好，锅头关云多开始卸猪，第一刀，先将猪的头部卸下；第二刀，将猪的腹部呈椭圆形卸下；第三刀，割掉猪的尿脐子；第四刀，卸掉猪的左前蹄；第五刀，卸掉猪的右整腿；第六刀，卸掉猪的脖子圈；第七刀，卸掉猪的左前腿；第八刀，在猪的背部两侧各卸去一块肉方；第九刀，在猪的右前胸部卸去一块肉方；第十刀，卸去猪的右后整腿；第十一刀，卸去猪的左后整腿；第十二刀，卸去猪的臀部；第十三刀，将猪的胸腔切开。卸完后，整个猪一共被分为 11 份。

图 4-74 萨满关长兴围着槽盆敲鼓　　图 4-75 抬鼓手

背灯祭的猪应是扒猪皮，但因这次没有扒，只用 5 块猪皮代替。

在篝火后面摆放供桌，上面摆好覆盖着一层红布的木槽盆。两位萨满围着木槽盆逆时针绕行 3 周，再顺时针绕行 3 周，然后站在供桌前面对着篝火敲鼓，等候锅头把收拾好的神猪送上来。两位老锅头面向篝火，跪在木槽盆两侧，把学徒锅头递上来的猪的各部分放在木槽盆里拼接成一只整猪的模样。

锅头跪在槽盆两边，两个萨满围着槽盆再次敲起神鼓、甩起腰铃。关长继朝南方跪拜，此时，西侧的篝火已经越烧越旺。

众族人再次跪在供桌前，此时供桌上又摆放了两只鸡以及年息香碗和酒，穆昆达关云德跪在众人前面念祭词：

图 4-76 锅头跪在槽盆两边　　图 4-77 萨满与篝火

第四章 罗关家族祭祀仪式

夜幕降临，
千星闪烁，
万籁俱静，
罗族关氏，
持心敬神。
萨满竭尽全力，
神谕谨记在心，
在天神灵，
保佑全族永远太平。

念完神词之后，众族人磕头3次。背灯祭是由萨满关长兴主祭，他身穿蓝色萨满服、头戴黄色有珠帘的萨满帽，但是没有戴朱雀铜帽；萨满关长继是辅祭，也穿着蓝色的萨满神服，但是没有戴神帽、没有系腰铃，抬鼓手、抓鼓手已经在院子中准备好了。首先，关长兴、关长继围绕着摆在桌子上的槽盆敲起了神鼓。关长兴对着篝火把鼓高举过头顶，他双手持鼓在身前划一个圆弧状的曲线，回到胸前。然后，他开始晃动腰铃后退，从神猪左侧绕到右侧，又回到篝火前。在这个过程中，关长继和关长兴不断地附耳商议着什么。随后关长兴开始唱神歌，念了一会儿后，关长兴晃动腰铃后退，围着供有神猪的供桌绕行一周回到篝火前，单膝跪地，继续念神词。

图4-78 萨满跪地念神词　　图4-79 萨满看着地上的神本念神词

131

萨满关长兴念诵：

> 达巴桑扎，
> 巴纳我真，
> 阿布卡波希拉拉阿巴先朱，
> 额米西拉拉阿巴先朱，
> 朱它穆恩都力许朱。

这段神词的大意为：罗关家族的萨满祭神，请各位神灵前来享宴。① 念诵完这段神词之后，萨满分别站在槽盆的两侧敲击神鼓，众族人继续跪在院中。拜鼓之后，关长兴开始唱背灯神词：

> 我能尼烟木吉，
> 沙玛我真，
> 图门乌西哈，
> 秃七勒我亦德，
> 明安乌西哈，
> 朱拉他哈我亦德。
> 依兰乌西哈，
> 仁他哈我亦得。
> 那丹乌西哈
> 那拉哈德西乌西哈，
> 德可德合德涅末，
> 嘎思干德特合，
> 磨力列我亦德，
> 佛克奢莫古拉古佛库末，
> 外力哈我亦德，
> 爱心撮库，

---

① 访谈对象：关长兴，男，45岁。访谈人：孟慧英、于洋。访谈时间：2013年1月6日。

阿思哈朱力勒，
我亦德蒙文搓库，
为分哈牙哈我亦德，
宁沉书克敦分打哈，
我亦德尊他哈牙哈。
米克合我亦德，
格勒恩，
朱克滩格木所力末，
吴合力朱克滩伯，
吴讷非所力末，
吴车德翁库勒末，
佛翻德翻丹朱，
沙拉滚德沙米朱。
敖木朱德爱拉朱，
吾克敦德沙拉朱。
阿烟敖木朱阿拉非，
波浑敖木朱波合非。
阿烟仙博阿纳末打不非，
朱禄仙博朱勒西打不非。
哈谭阿拉拉韩七德翻打哈，
占七哈奴勒扎卡多不非，
波德吴吉合波崇吴徐朱，
霍拉滚吴吉合，
霍拉滚徐朱。
我拉根博发牙非，
发特哈伯发牙非。
风阿伯伏奢非，
尼蒙尼伯奎拉非。
玛分课力，

> 玛玛课力，
> 爱当阿吴朱伯。

这段神词的大意为：今日晚上，日落黄昏，某年神人师傅，上天星辰明，三更之后，星辰出全，三星、北斗七星、南斗六星、东斗大星、太子星，方桌摆上，供奉金鸡分3碗，锅灶收拾干净，香火点上，敬诸位天上众星。同享香烟，屋门闭住，腰铃挂在屋门上边，将猪皮扒下，二层皮扒下，卸成8件，槽盆摆上。供物摆上，年息香燃上，甜米儿酒样样摆上。家内乌猪俊美干净好看。煺毛，满肚子的油蒙上，太爷、太太们前来享用祭品。①

在念神词时，萨满关长兴以及其他两位萨满绕着槽盆按照逆时针和顺时针的方向各走3圈。念完神词之后，萨满关连福捡起神本子，弹了弹沾在上面的土灰，把神本子收起来。关长兴把鼓举过头顶，在身前转了一圈，回身进屋。后边跪着的众人跟着起身，把木槽盆连同里面的整猪抬回屋里。萨满和鼓手们都脱去身上的服装，表示祭祀仪式告一段落。

图 4-80 萨满在篝火前跳神　　图 4-81 族人们围着篝火烤肉

神歌唱毕，神堂及院内的灯再次亮起，锅头将供品撤去后，罗关家族成员在院内拢起一堆篝火，人们围在篝火旁载歌载舞，有的人到屋里取来

---

① 访谈对象：关长兴，男，45岁。访谈人：孟慧英、于洋。访谈时间：2013年1月7日。

## 第四章 罗关家族祭祀仪式

猪肉，串在铁钎上在火上烧烤。大家都很兴奋、喜悦，争着抢着吃烤肉，据说这是人神共享的喜肉，吃到的人会得到意想不到的好运气。欢声笑语充溢着原本寂静的夜晚，直到深夜大家才纷纷散去。

仪式结束以后，吉林电视台的记者现场采访了这次活动组织者之一关云蛟。

问："关老师，今天是罗关家族祭祀的第二天，跳肉神、背灯都取得了圆满的结果，您作为主要的组织者之一，是如何看待龙虎年这几家搞的祭祀活动的？应该怎样认识萨满文化对满族的影响？"

关云蛟："这烧香祭祖是民族的传统，也是我们家的传统。自古以来就有每到龙虎年祭祀祖先，歌颂他们的功德，继承先人的遗志，把家族团结起来，为国家、为民族做出更大的贡献，这是祭祖的主要目的。今年是龙年，在社会、政府、学者们的大力支持下，我们举全族之力搞这个文化活动。举办这个活动有这么几个目的：第一，继承祖先优良的传统，把民族文化传下去，把民族精神传下去。第二，把这种文化传承下去，这是一种原始的、古老的文化，要让这个"活化石"活下去。第三，要继承这种文化，宣传这种文化，弘扬这种文化，下一步要把萨满文化作为文化产业来开发。在政府主导下，做出整体的规划，让国内外的人都能欣赏到古朴神秘的萨满文化。第四，通过这次活动也是对传统文化的一种保护，萨满文化逐渐淡出人们的视野，这种文化遗产不能让它消失。要让更多的人了解、认识这种文化，不是封建迷信，它是原始、古老的文化，有深厚的底蕴，是宝贵的资源。"

问："您刚才提到萨满文化产业化的问题，如何处理保持传统和开发产业之间的关系？"

关云蛟："两者之间并不矛盾，可以互相推动。如何认识萨满传承问题，初步有一个打算。为了萨满文化传承的永继不断，要寻找萨满文化的继承人，这种人要符合4条标准。第一，看人品，要忠心耿耿地为家族服务，要有很高的品德。第二，有才识，用满语说就是'莫日根'，指聪慧的人，人才。第三，本人要热爱萨满文化，背神词也很难，当萨满也很艰苦，必须无私奉献，而且是自愿的。第四，族人必须拥护，大家都要觉得这人行，不一定是男的，以后也可以考虑女的，要有组织有目的地挑选。"

随后记者又采访了关云德。

问："关老师，今天的祭祀活动非常成功，您作为召集人和穆昆达一定付出了很多的辛苦，这中间您有什么感受？"

关云德："这次办到这个程度，我也很满意，今年是龙年，我们早早开始准备，从屋里的布置到外面的横幅，都是满汉两种文字，要突出满族文化特点，找了北京的王硕给编的满文谱，还征求了富育光老师的意见，换了个大神案子，这些都是新的，以前没有。我们家族祭祀的历史非常悠久，十二年烧一次香，已成惯例了，家族中形成了一股凝聚力，烧香大家都会来。"

记者又采访了主祭萨满关连福。

问："连福大哥，您是第几代萨满？"

关连福："我是第十一代，我是'文革'以后，84年烧香，经过抬神，祖爷认你。老萨满教了不到三个月，有些神词记不住，一年推一年的，都二十七八年了。平时不烧香也看神本子，老石家、老杨家也都有，好的我就加里面，加曲调，不加词儿。复习的时候，只能在心里默记，不能唱出来。"

问："现在有没有带徒弟？将来怎么办？"

关连福："现在还没有合适的，这个要够条件。我有一儿一女，孙子今年都3岁了，下一次烧香时候他正好15岁，没有合适的我就传个孙子，一定要传承下去。"

可以看出，传统习俗随着社会环境的变迁，需要重新解释和定位，有些内容被抑制、忘却，有些又被恢复、唤醒，有些还根据需要被挖掘或创新。

## 第三节　祭祀第三天——祭天、换索

2012年1月31日，正月初九，当日主要内容是祭天、收祖爷和换索。

距离不远处的满族老石家在这一天开始祭祀活动，很多媒体记者和学者们都到那边采访去了，这边显得冷清了许多，人也没有前两天多。

在罗关家族成员中，祭天又被称为"给外头"。正月初九早上9:00左右，罗关家族的萨满关长继主持祭天仪式。据罗关家族的萨满关长继介绍，祭天又称为"给外头"、"念杆子"，罗关家族烧还愿香时也只举行祭天仪式。

锅头们将一头黑色无杂毛公猪抬到供桌前的一张方桌上，众锅头将猪按好，萨满关长继将白酒倒入猪耳，猪耳立即啪啦啪啦地抖动了几下，这意味着神灵领受此猪。献祭猪领牲后，锅头关云多单膝跪地，左手拿刀杀死此猪。当猪血流出时，锅头将祭天杆子的尖部伸到流血处，使杆子尖沾上猪血。给猪燎毛时，要在四蹄和耳朵处留一些杂毛，并在背部割下两方肉留做"小肉饭"。燎完毛后，锅头们将猪摆回原来杀猪的方桌上，使其呈跪倒形状。

几位锅头早上8:00左右就开始仪式准备工作。他们先在神堂的院中放上一张方形供桌，又准备了1个大碗、3个小碗，其中一个小碗里装满五谷杂粮，一个小碗里盛满切碎的猪肉，还有一个小碗里盛满米儿酒，大碗里放着从猪身上各部位割下的小块肉，摆在室外的小供桌上。锅头关长旭准备好一根长约9尺的松木杆，将其中一端削尖，作为索罗杆（祭天杆子）。供桌前的桌子上放着祭猪，它的背朝上，四肢朝外，在四蹄和耳朵处都留有没剔净的杂毛，背部被锅头割下长方形的脊肉，剁碎后绑在索罗杆上。

萨满关连福和关长继开始绑祭天杆子。两位萨满将猪锁骨插到沾有猪血的祭天杆子上，然后将献祭猪的胆、膀胱、猪鞭、尾巴等处混上五谷杂粮和谷草一起绑在祭天杆子上，表示献给天的是一只整猪。其中绑祭天杆子用的草绳是萨满关长继坐在神堂的南炕上搓制的。

图4-82 萨满在祭天杆子上绑供品

图4-83 祭品

图4-84 祭猪

图4-85 萨满祭天

然后,全体族人跪在供桌前,其中4名罗关家族的男孩分别跪于供桌两侧。

一切准备就绪,有人喊道:"前面的人都闪开。"这时鞭炮齐鸣,祭天

## 第四章　罗关家族祭祀仪式

仪式开始。罗关家族的人按长幼顺序面朝南跪在供桌后面，萨满关长继站在供桌后依次拿起碗中的碎肉、五谷杂粮和米儿酒抛向四周，口诵神词。

主持祭天仪式的萨满关长继手拿一个装有米的小碗，并将碗中的米撒向天空，一边撒米一边唱道：

安吉安朱安巴阿布卡，
乌云阿布卡吴力末街非，
更仁阿布卡，
敦吉末街书，
敦一阿布卡敦吉末街非，
我能尼卧七，
奢末七妈力卧七。
衣长阿奢末，
哈什呼力哈拉哈拉卧七，
关家哈拉我尼德。
卧七木浑卢，
牟沉托浑不扎，
奢勒不可阿七不非。
阿烟秃阿德杜林不非，
奢勒沙十哈班吉不哈文德。
吴吉合吴珍舒子，
豁拉滚吴吉合，
豁出浑舒子我拉根伯。
发牙非，
扎兰伯。
秃牙非，
多伦三德多不非。
秃录滚三德秃录非，
爱以奢勒扎林德，

卧以奢勒我林德。
阿巴卡玛发卧七德多不非，
阿巴玛发卧西浑伯仍我。
爱阿尼雅卧斯浑，
哈哈合合我林德。
奢勒木可嘎南杜非，
不打者可为林杜非。
阿库奢末阿那哈阿库，
必合奢末波作浑阿库。
佛必牙伯伏杜非，
依车必牙伯阿力非。
衣能尼三德一车德，
必牙一三波浑德。
花而合沉为林杜非牙禄哈，
莫林羊桑阿卧不末街哈，
乌伦朱禄卧不末乌哈豁洛。
吴七不拉库，
屯堆木伯屯七匣非尼洛木伯。
尼克不非花德卧七木林阿，
而合太翻而合卧不末。
三人太烟卧不末按巴嘎拉德，
伯哈奢非朱禄嘎拉德，
卧心浑不合沙力，
奢末沙什浑没勤，
阿巴卡玛发卧西浑伯西仍我。

这段神词大意为：天即是宝盆，天极其高九层天，今日即好，明日即吉。关姓家族，锅灶干净，点火淘米。乌猪俊美，将毛燎去。摆槽盆，卸成八件。跪于门口，挑选吉日良辰祭祀。转新年，换新月，丰收祭祖。神前孝祖，供物打糕已经摆上，年息香已经燃好，米儿酒、烧酒各一坛。家内献上的乌猪俊美好看，应灵神桌放到炕上，供品样样摆上，请神灵保佑百年无灾，60年无病。①

祭天杆子绑好之后，穆昆达关云德将其立在神堂大门内的东南角。

图 4-86　关云德拿起神杆　　图 4-87　院内东南角的神杆

图 4-88　祭天的肉必须在屋外切

① 访谈对象：关长继，男，45 岁。访谈人：孟慧英、于洋。访谈时间：2013 年 1 月 7 日。

| 满族罗关穆昆续谱与祭祖考察

　　祭天结束之后，罗关家族的妇女们将肉拿到神堂厨房外面的窗户前切碎，然后放到神堂外面的锅灶里，与大米一起煮成"小肉饭"，供全体族人享用。

图 4-89　做小肉饭

图 4-90　吃小肉饭

图 4-91　把祖爷放回神匣

142

第四章 罗关家族祭祀仪式

图 4-92 将神匣放到祖爷板上

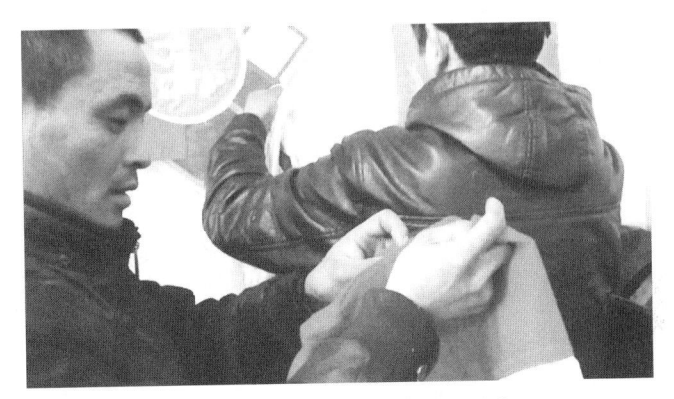

图 4-93 萨满收拾仪式用的服装

图 4-94 将腰铃、萨满帽、萨满服装放入箱内

图4-95 鼓、腰铃、服装、萨满帽放好后盖箱

图4-96 罗关家族成员合影

图4-97 祖爷匣子北侧的子孙口袋

图4-98 打开口袋

11：00，开始收祖爷，由三位萨满把"祖爷匣子"请下来，打开匣盖儿，把挂在横杆上的祖爷收好，放到匣子里，再抬起放回西墙上。然后收拾各种祭器，纸箱里铺好黄布，把那些酒盅、酒壶用纸巾包好放回去。

午饭前，参加此次祭祖活动的罗关家族成员在室外合影留念。

下午1：30开始换索。换索是满族对其生育女神"佛多妈妈"（汉译为"子孙娘娘"）神的祭祀活动。按照原来的规矩，换索也要杀猪，这次是用鱼来替代。关连伟也说："以前的索线都是用麻绳，小手指那样粗的，现在改成塑料绳了。"

在罗关家族神堂的右下角，有一黄颜色的布制口袋，人们将这一口袋称为"子孙口袋"。据罗关家族萨满关长继介绍，"子孙口袋"又称"妈妈口袋"，换索时的祭祀对象为"佛多妈妈"，这位女神主管家族儿童的健康平安。在罗关家族的祭祀传统中，家族有孩子出生的时候，都要在"妈妈口袋"中的索绳上系上小布条（代表女孩）或小弓箭（代表男孩）。与此同时，在祭祀期间，家族的小男孩和小女孩还要戴索，以求平安。在男孩成婚之前的祭祀仪式上，要专门举行为男孩解索的仪式，如若是女孩，则要在其出嫁前举行解索仪式，其夫家在仪式中要献上一口乌猪。

图4-99　制作弓箭　　　　图4-100　给小孩子挂的索

在关长继的主持下，几位萨满将祖爷神位下的"妈妈口袋"取下，打开后取出里面的"索绳"，这条索绳大约有20米，上面系满了小布条和小弓箭以及用蓝、白、黑三色布块做成的"索"。萨满将这条"索绳"一直拉到院内并将其挂在一株被固定好的柳树上，而后，罗关家族新添人口的家庭分别将小布条或小弓箭系在其上。

图4-101 挂索的柳树　　图4-102 从"子孙口袋"神位拉到院内柳树上的索绳

图4-103 给小孙子挂索　　图4-104 挂索的小孩子

图4-105 族人挂弓箭　　图4-106 挂满小布条和小弓箭的索绳

第四章 罗关家族祭祀仪式

图 4-107 祭祀鱼与供桌两旁的儿童

然后，锅头们在柳枝神位前摆上供桌，供桌上放一条鲤鱼作为供品，其余还有米、酒和水。罗关家族成员向东跪在供桌后，两个 10 岁左右的小男孩儿跪在供桌两边。

萨满关长继把盛在碗里的米撒在供鱼上，唱诵神词，唱词也非常简单：

> 关加哈拉标我金，
> 恩都力妈妈得。
> 白林我我木我林吉非，
> 我都舍莫，
> 波都三人太石非我不莫。
> 佛朱磨尼门不勒。
> 牙色乌莫尼门不勒，
> 日博乌莫尼门不勒，
> 关加哈拉得。
> 佛乌鸦博佛珠非，
> 宁尼博哀力非，
> 一车亚博埃力非。

147

依哈阿加哈哈标文德。
兴都阿加黑我，
安巴阿木朱牙勒非，
束拉波谁它非。
阿烟敖木朱阿勒哈，
阿音仙博阿那末连不非。
博得乌吉阿伯从乌许朱，
豁得乌西哈豁从乌许朱。
我立根博得牙非，
发哈伯图雅非，
凤阿伯诀主非，
英阿伯依字非，
发昆得非连非，
得林得乌布非。
玛发课力妈妈课力。
爱阿加以叉玛我真。
二当阿玛朱伯，
我天勒莫舍车克博奢得勒莫。

此段神词的大意为：妈妈即是太太，求太太保佑子子孙孙，家里太平安静，头清眼明，柳树枝条，线索挂上。照老规矩，将供物摆上。祈求子孙并受其佑。①

神词唱毕，大家叩头，众人起立，换索仪式结束。

过了大约半个小时，萨满关长继将索绳收起，放回口袋中，并重新悬于祖爷板右下角。

正月初九下午4：30，几位萨满从神堂内向外进行清扫，将扫出的所有东西都装入袋子中，同时也将祭天杆子、祭天用猪所剩的猪骨头一同带出堂子。

---

① 访谈对象：关长继，男，45岁。访谈人：孟慧英、于洋。访谈时间：2013年1月7日。

第四章 罗关家族祭祀仪式

图4-108 没有穿萨满服的萨满主持祭祀

图4-109 萨满将子孙绳放回"子孙口袋"

图4-110 清扫神堂

几位萨满和族人带着这些东西从神堂向南走约 100 米,将这些东西扔掉后,不能回头看,径直地走回来。与此同时,神堂院内鞭炮齐鸣,罗关家族壬辰龙年祭祖仪式完毕。

图 4-111 仪式落幕,萨满陷入沉思

图 4-112 清扫干净的神堂　　图 4-113 萨满谢神

图 4-114 族人送神杆和垃圾

第四章 罗关家族祭祀仪式

图 4-115 到了指定地点

图 4-116 扔掉所有东西

图 4-117 头也不回地往村里走

151

# 结　语

2012年是壬辰龙年，这一年恰逢满族龙虎年续谱的又一个周期。这一年的整个年节期间，在吉林省九台市满族聚居村到处都有续谱的人家。由于调查人员和经费的限制，我们主要追踪了胡家乡小韩屯的石姓（锡克特里氏）家族，其塔木镇刘家满族村腰屯的关姓（瓜尔佳氏）家族、莽卡满族乡的杨姓（尼玛察氏）家族等。这一年的10月，我们还参加了吉林市丰满区小白山乡段吉村杨肇（尼玛察觉罗）家族的续谱、祭神仪式。在满族人这个特殊的节日里，我们深刻体会到了满族人的热情以及在现代语境下满族续谱和家神祭祀习俗的存在状况。

我们对满族的续谱和家神祭祀两种习俗进行了全程观察，试图发现它们的基本结构形式、基本内涵以及之间的差异。

## 一　续谱

续谱又叫办谱，是指通过谱单和谱书对家族血缘关系进行展示与填写活动，活动范围涉及与该家族有血缘关系的所有家族成员。

满族与汉族记录血缘关系谱系的方式有所不同，既有与汉族类似的谱书，也有在汉族中少见的谱单，或许可以说，谱单更具有满族特色。

# 结　语

　　谱单用白色的棉布制作，上面画有先辈祖先的画像。这里所画的先辈祖先，有的家族可能是家族最早的祖先以及之后的第二代、第三代，有的家族画至第七代，接下来便是没有画像而用文字记录家族历代成员，画像中最后一代祖先往往是现在仍旧聚族而居的几大支系的直系先祖。每个家族最终画出几代祖先图像，就要看现在各个支系所归认的直系祖先在哪一代辈分上。莽卡村的杨姓谱单，其谱头、谱尾都有图案。谱头上画着长白山、云海波涛、青松翠柏，正中间是仿照故宫太和殿的造型绘制的红砖绿瓦大殿，正门处写着祖先代书的名讳，殿墩之下是7个墓碑，左三右四，分别是代书的下一代7个儿子的名讳。有的家族单支独脉，那么他们的祖先就可能都为画像。这些画像中的祖先都居于楼宇之中，画面中的天空和周围环境伴有各种自然物和自然景象。新近办谱的满族人家的谱单也有不上祖先画像的，从第一代始祖开始就只显示其名字。

**图1　杨姓谱单**

　　这些祖先画像，有的族姓里叫谱头，随后由名字表述的辈分表是近世代际关系的主要部分。为何叫谱头，大概是因为在悬挂谱单时，由于祖先画像在上，其后只书写名字，画像与辈分表中间用针线等物连接起来。有的家族后代脉繁人多，可能还要多做一幅或几幅，以便向下伸展，并与其上

| 满族罗关穆昆续谱与祭祖考察

图 2　杨肇氏谱单　　　　　图 3　石姓某支谱单

的部分连接。也有满族人认为,在满族人家谱单的前面多有关于家族历史的简短介绍,由于它处在谱单前侧,因而被称为谱头或谱序(也有称作谱叙)。以上都是民间或学者们曾经用过的称谓。

图 4　罗关家族谱头

结 语

　　在谱单上不同辈分之间，名字的标示呈树状分枝形式，去世的人的名字用黑字填写，活着的人用红字填写。谱单的大小，取决于各家族繁衍的状况。莽卡村杨姓的谱单据说高 3.3 米，宽 6 米，展开之后占满了整个北墙和西墙。

图 5　关姓谱单

图 6　石姓谱单

155

满族也有谱书，它是和谱单并列的有关血统延续的记录形式。无论谱单还是谱书，最早都是用满文书写的，至于何时改做汉文，还须进一步考察。谱单和谱书一般会有谱序，谱序记述了一个家族的历史，从谱序上大致可以了解一个家族的来龙去脉。

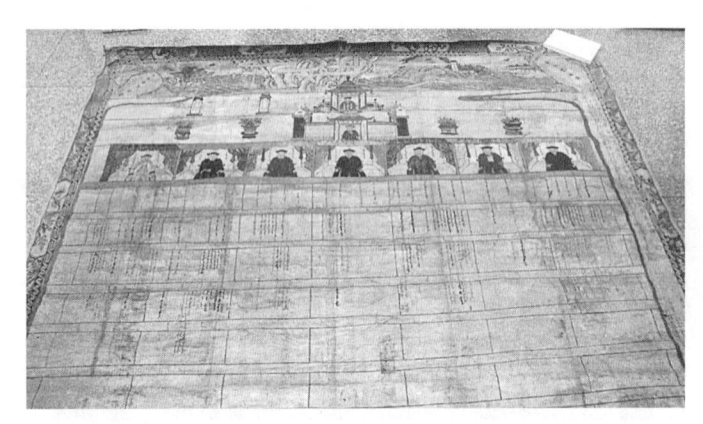

图 7　石姓的满文谱单

所谓续谱或办谱，或是展开谱单，将上一次办谱之后新生人员的名字用红笔添上，将去世人的名字用黑笔描上；或是重写谱书，谱书都是用黑色笔迹书写名字，但有的族姓用红笔写去世萨满的名字，因为人们认为萨满是不死的。谱单可以用先前使用过的布单继续添写，而谱书则不同。我们在石姓家族看到大量的以往龙虎年办谱时留下的谱书，他们并非在原来的谱书后面直接添写新人，而是重新造册，重新写谱书，或许因此人们才说这样的活动是办谱。各支先前辈分的名字依旧抄写在新的谱书上，然后几个支系负责人安排人员将本支系现有人名按照辈分一一添上，最后每个支系形成一本新谱书。这样一来就能看到不同年代办谱的各姓、各个支系的谱书，若全部保存下来，数量十分可观。2012 年各姓续谱时，也有谱单重新制作的，事实上，由于人员不断增添，谱单也不可能满足后代添写的需要，新换谱单也是正常的事情，因此，一个家族可能保留几个谱单。所以，有的家族干脆只将祖先画像作为谱单，而后的分支繁衍表述只用谱书，形成谱单和谱书两种形式共存、互补的情况，如石姓家族就是如此。

图 8　石姓某支的老谱单　　　　　图 9　杨姓的老谱书

图 10　杨姓老谱单　　　　图 11　杨姓谱单

在龙年办谱过程中，各姓对女性不上谱的旧习惯普遍进行了改革。因为现在一对夫妻大多只有一个孩子，男孩女孩都是家族的后代，女孩应该上谱。这个改革涉及很多家庭，只有女孩的家庭感到欣慰，他们由此改变了被忽视甚至被歧视的状况，对参与家族续谱活动也变得十分积极。有的家族主张媳妇也上谱，但又担心媳妇改嫁，因此决定其作为本家族媳妇去世后才可上谱。有的家族还主张将自己支系出现的大学生、硕士、博士等身份写进谱书，以此张显家族的荣耀，鼓励后辈积极上进。龙年还出现了电子版谱书，比如莽卡满族乡的杨姓，由于穆昆达本身是教师，有能力把自己家族的谱书制成电子版本，这样记载的家谱更利于查看和保存。

续谱每隔12年才举办一次，满族人一生当中能参加5~6次，所以满族人都把祭祖修谱当成人生大事，格外重视，即使有远离故土的族人，只要条件允许，都会不远万里返回家乡参加祭祖仪式。我们看到每个族姓都来了很多参加办谱仪式的族人，许多族人远道而来，有的穆昆（家族）参加办谱的人数达到400余人。杨国华1951年出生在莽卡村附近的查理巴，父亲先出去工作，然后带他们一家到外地生活，平时跟家族的联系不算太多，2012年是通过网络得知祭祖修谱的消息。为了赶上这次家族盛会，他们在家过完春节，就踏上了返乡祭祖的旅途，一路奔波非常辛苦，但他认为很值得。他说："如果这次不参加，以后也许就没机会参加了，如果让自己这一支脉丢掉，对子孙后代没法交代。"每个姓氏都有从全国各地赶来的老人，他们都怀有深刻的家乡记忆和浓浓的亲情，把认祖归宗看作心灵的朝圣。外地到来的族人都受到了热情的招待，被安排在村子里自己穆昆的人家住下，他们的到来更增添了家族欢聚的气氛，也使得穆昆组织的价值更有现实意义。

对比祭祖，续谱的方式相对简单。续谱开始时燃放鞭炮，各姓会在谱单悬挂后，在其前面摆上水果、馒头、点心、酒、香等做供品。谱单一般挂在北墙，也有挂在西墙的，有的家族谱单太宽要占据整个西墙和北墙。一般而言，家族穆昆达或家族长老会在磕头之前，要面对谱单讲几句话，表示对祖先的尊敬和问候。之后，穆昆达及家族长辈开始磕头，然后根据辈分排序，一辈接一辈地集体磕头，晚来者随到随磕头。续谱时间的长短根据家族人员多少而定，也可根据事前登记造册的准备情况而定。续谱时，有的家族会准备一头猪，在即将结束续谱时杀掉，然后族人竞相庆贺，团聚一处吃肉喝酒，畅叙亲情。有的家族会把猪头供到谱单前面。这与满族祭祖仪式不同，没有杀猪摆件子的程序，也没有萨满跳神内容。

图 12　杨姓参加续谱的族人

图 13　辈分长者先给祖先磕头

在满族有"谱单不与祖爷见面"的习俗，祭祖爷（或家神祭祀）都是在谱单收拾好之后才能举行的。如萨满关连福所说："谱不收，鼓不能响。"即谱单不与祖爷（神案子）见面。满族石姓、杨姓、关姓都严格遵照"不见面"的原则来安排祭祀程序，这种信仰禁忌被世代遵守。根据所见情况来看，续谱和家神祭祀并不属于同一祖先崇拜系列，也不必然地连续举行，壬辰年办谱的一些家族并没有举行祭祖仪式。

## 二 家神祭祀

在满族民间，家神祭祀也常常被说成祭祖或祭祖爷。家神祭祀或祭祖是满族依据血缘关系举行的家族祭祀活动，它祭祀的不仅有谱单或谱书上的各代祖先，还有家族传下来的各路神灵以及能够把这些神灵传下来的各代萨满。这些萨满传袭神灵的方式就是死后回到族里找新萨满。随着时代变迁，一些"家萨满"（神抓萨满的助手或非神抓但主持家族祭祀的萨满），甚至穆昆达也被家族"封神"，从而成为神案子上的神灵。

家神祭祀或祭祖的最重要象征物是神案子，它或是绘制的图画，如石姓；或是用各种象征物来代表，如关姓用索利条（布条或绸布条）来表示。满族石姓有家神案子和野神案子，它们都是家神祭祀的对象，石姓的家神案子和野神案子上的主神都是超哈占爷，即长白山主。石姓家神案子上的另外两个人物是辅助长白山主的两位侍从，而野神案子上，长白山主下面排列的神楼子里面是石姓去世的前几代萨满。关姓只有家神案子，所祭祀的是自己族里传袭下来的神灵和去世的先辈萨满。所有神案子都在西墙，平时在西墙上面有祖爷板，祖爷板上有祖爷匣子，祖爷匣子里装的是神案子和其他具有神灵意义的器具等。满族以西为贵，祖爷板下的炕沿是不能坐人的。

图 14　杨姓神案子

结 语

图 15 关姓神案子

图 16 杨肇神案子

图17　石姓家神案子　　　图18　石姓大神案子

满族俗称的祭祖爷，一般分家祭和野祭。家祭主要有4个项目：西墙祭祖、背灯祭、换索、祭天。

西墙祭祖，即面向西墙上的神案或神龛，由萨满主持的祭祀神灵的活动。按照祭祀供品献祭程序又分祭饽饽神和祭肉神，前者指做打糕祭祀，其中包括淘米、震米、蒸米、打糕、制糕、供糕各个程序；后者是指杀猪祭祀，包括抓猪、领牲、杀猪、摆件子各个环节。在整个过程中，萨满要穿萨满服装、系腰铃、手持抓鼓；另外还有抬鼓手、帮鼓手数人，他们负责配合萨满的鼓点、舞蹈、唱诵以及制造祭祀气氛。每个祭祀程序都有固定的萨满唱词，萨满用满文演唱，因此各姓都有满文祭祀文本传世。每个姓氏的萨满还有自己独有的舞蹈形式、祭品种类与祭品摆放方式。从祭祀形式上看各有千秋，很有观赏价值。

背灯祭是指关灯闭户，在黑暗中举行的祭祀仪式。具体的祭祀对象，从满文萨满祭词来看，多种多样。我们看到的杨肇家族祭祀的是敖都妈妈，而罗关家族是祭星，人们在熊熊燃烧的篝火旁祭祀星神。

换索祭祀的是"佛多妈妈"。这个神灵是保护孩子出生和健康成长的，神位的象征物是一个布口袋，俗称"妈妈口袋"，里面装有子孙绳。平时，

"妈妈口袋"就挂在祖爷板北侧下方的钉子上；祭祀时，将"妈妈口袋"里的子孙绳拉出系到外面事先栽好的柳树上（石姓和杨姓是挂到与"妈妈口袋"斜对角的堂屋东南角处的柳枝上）。子孙绳上面挂有布条、弓箭和索。每个在上次换索之后生了女孩的家庭，在子孙绳上挂布条，生男孩的家庭挂弓箭。每个家族还用3根不同颜色的线做成一尺多长的线条（有的家族还在线条上缝上一小块布），即为索，用来挂在孩子的脖子上，保佑他们健康成长。壬辰龙年的情况是，杨姓、石姓家族将索线挂在了所有家族成员的脖子上，关姓则只给儿童挂索。以往挂索之后，在仪式结束时或下次祭祀时，将索线挂回子孙绳上，所以在石姓、关姓古老的子孙绳上都有索，但杨姓是将子孙绳及上面的饰物全部送到江中，顺水漂去。

祭天并非像通常所理解的那样是专祀天神阿布卡恩都立，它只是祭祀的对象之一。在民间，祭天俗称"给外头"，祭天时要立神杆，用来捆绑献给神灵的各种祭物。神杆的方位在东南，而祭祖的方位主要在西北。祭天时有的家族萨满不穿萨满服，不系腰铃。祭天所杀的猪要切成小块与米饭一起蒸制。祭祀后族人会将放置各种祭祀物的神杆送到河水中或向南100米之外的荒野，送走神杆之后，参与送杆的人绝不能回头看，必须匆匆往回赶。

西墙祭祖、背灯祭、祭天一般都会杀猪，换索时的祭品在关姓、杨肇穆昆主要是鱼，象征着繁衍、兴盛。

这次家神祭祀，石姓家族还举行了野神祭，当神灵降临时，萨满表现出昏迷、被附体的状态。每位神灵降临，萨满与主要助手都有问答。萨满还会按照常规套路，手持降临神灵表演时必需的神器，展示不同神灵的舞蹈。杨姓的祭祀中，萨满也通过神灵附体来表演各种神灵舞蹈，展现神灵到场的姿态。

家神祭祀是神圣而严肃的，所有参与人员都要遵守祭祀规矩，不能违犯禁忌。家神祭祀之前要占卜，确定祭祀日期；萨满也通过占卜与神灵商量，请求神灵保佑祭祀顺利。关姓的萨满在祭祀期间要住在堂子里，不能接触有"污染"的人和事。杨姓在大祭前要求萨满沐浴净身，不得有房事。祭祀祖先的打糕要没有到月经期的小女孩来做，以示人和供品都是干净的。

家神祭祀有很多规矩，其中最重要的是不准说脏话。传说，2000年关姓跳神时人特别多，看门的人不让某些人进来，为此一名女子说了句脏话，结果回家就病了。后来她知道自己得罪了祖爷，就赶紧回来请罪，请罪过后病就好了。依照老传统，神对供给他的祭品有严格要求，包括屠宰猪所用的刀具、宰猪的刀法、捆绑喜猪所用的绳索和系法，不得任意为之，以表示对祖先的崇敬。神灵领牲是通过萨满用白酒或净水灌入猪耳内的方式，如果猪耳朵动了，说明神灵接受了献牲；如果猪耳朵不动，说明神挑理了，萨满和族人就要检讨自己的过失，反复请求原谅，一次次灌酒或水，直到猪耳朵扇动为止。

## 三　续谱、家神祭祀——满族文化象征的当下实践

人类的亲属关系既是最自然的情感关系，也是最基本的社会关系。对于祖先的记忆和尊崇是最古老的文化表述，它与亲属关系有内在的一致性。满族的续谱与家神祭祀是一种与血缘关系完全一致的传统文化实践，作为满族文化的一个范式，不仅是满族文化历史的特定之物，也是一个用来承载历史和现实家族成员生活意义、族群情感、人际伦理的社会实践。

在满族这样的习俗活动中有一种延续下来的固有价值，这种"固有"的某些"恒常性"似乎说明，这样的活动在某些方面或某些程度上具有满足不同时代社会与心理需求的一般本质。当然，"固有"的东西也是相对的，我们只是根据观察到的现象，在已经变化了的当代满族穆昆的生存条件下，分析某些传统文化对于当下满族人的价值和意义。

满族家神祭祀有一套信仰、实践和组织系统。在神圣的祭祀空间，人们关注神灵，即一种实在的力量，往往会将自己置身于神圣实在之中，相信在献祭或其他神圣表演形式中，他们会得到保护或改善。因此，一种积极的预期构成了穆昆成员对传统祭祀依赖的基础。

满族人家都有很多关于祖爷的故事，特别是受到祖爷惩罚的故事。通过前面几章的记述可以看到，满族家神祭祀以神灵的方式提供了人与社会道德之间的伦理观念，每个人都要为自己的错误负责，要通过经受损失、

磨难、自我否定，才可获得救赎。所以有萨满说："我是萨满、偷鸡摸狗、打架的事儿都不能做。"

我们在关姓祖爷匣子下面看到一副红纸黑字的对联，下联上写着"孝父母月月平安"，上联上写着"敬祖宗年年增盛"，横批是"永言孝恩"。可以看出，罗关家族祭祀祖爷是与"孝"文化的提倡融为一体的。

所有这些都使我们体会到家神祭祀通过祖爷神灵构建的那种世界观的底色和作用，很多人依旧认为，家族神灵真实而有效，能够内在地呼应人们对它们的需求。在满族穆昆社会环境已经大为改变的当今时代，家神祭祀还在某种意义上作为血缘家族群体精神生活的源头活水，传递着传统伦理价值和一种公认的思维系统，这是难能可贵的。这样的作用不仅使仪式仍旧包含神圣性、凝聚力，也使得它能够表露出某种意义上的正面情感，由此对参与者产生引导、催化和影响的力量，进而有益于维护穆昆的神圣性。

作为一种文化上的既成习惯，续谱也像家神祭祀一样有自己的文化价值。家族谱系和家神系统是满族家族血缘关系认同的基本方式，是满族血缘文化价值的核心，是这个家族的文化特征，因此，我们可依据家族谱系和家神祭祀来理解满族各姓的界限和复杂关系。或许可以说，续谱、家神祭祀这种活动的持续，使得穆昆组织的重要性不断强化，穆昆被理解为一种集体需求的象征，让抱有各种意义需求和心理支持的形形色色的人所期待。

任何仪式都不是一种私人的状态，而是一种公共行为，参与仪式意味着对公共秩序的接受。在活动中，大多数人都遵守习俗惯例、族中规范、群体目标，这样的社会秩序对于穆昆的基本伦理价值以及对个人的心理需求都具有维护作用。续谱和家神祭祀并非空中之物，是在传统文化与当下需求的互动中发生的。作为一种既成的文化供给资源，它们能够在一定程度上满足族人之间亲密交往的渴求。我们看到，对于客观的亲属关系或亲族关系，人们有着难以割舍的情感。当一个族人被纳入一个共同的祭祀关系网时，他们就会正式地或非正式地相互交往，这种交往既是个人主动选择的，也是传统文化供给的。

当然，现代的满族穆昆成员不仅是穆昆文化的继承人，同时也接受了很多穆昆之外的文化影响。作为生活在现代社会中的人，应该分析穆昆这种活动所对应的一般的社会心理基础。比如对于亲情归宿的渴望，生活在当下的人有可能都有这类的心理需求，满族穆昆恰好有一个自己传统的渠道来与之适应。从这个意义上来说，他们是幸运的。

我们也注意到，在外部大环境的影响下，传统文化在时代变迁中逐渐式微。时代变化了，传统文化系统无法充分满足人们的各种需要，而外部文化却使他们大大受益，对于新文化系统的认同使很多人获得了自尊，新的价值观也发展起来，传统文化的允诺已经变得可有可无。所以，一些族人对于穆昆的活动不再积极，对此类活动的支持力度也因人而异。

总之，在一些人心目中存在一个大体理解或意识到的有关续谱、祭祖的惯例和仪式结构，这为我们很好地理解传统文化的遗存与变化方式提供了一个有价值的参照系。龙年满族的几个案例表明，文化遗产不是固定不变的，它是与外界不断交流、不断更新的人类创造物。我们看到的是满族传统文化的更新过程，而不是它固有的样式。

## 四 举行办谱、祭祖活动的动力分析

我们思考某种文化维持的模式（比如满族的办谱、祭祀活动），应在其与当下道德体系、社会需求、经济目标互动的价值之中展开探讨。

续谱、祭祖基本是在传统血缘关系内部展开并获得支持的，在传统血缘关系社会结构稳固的阶段会对家族成员的生活产生系统的影响，仪式组织者的工作也会得到普遍的支持和肯定。而当下中国社会越来越开放，由于社会交往的扩大，不同群体之间的流动得以加强。

续谱、家神祭祀是满族"天生的"文化传统，有着"命定"的生命活力，但在整个社会结构发生变化的环境下，它们的重新恢复一定与某些个人和群体的需要有关。

第一，情感动力。一个民族、一个国家都有精神文化传统，在漫长的历史发展中，它长久地作为支撑人与社会发展之间互动的精神力量和价值源泉。在当今时代,中国经济社会高速发展及其催生的物质主义对文化精神的挑战日益加剧。社会正义的脆弱、生活意义的缺乏、生活方向感和幸福感的缺失、社会诚信的危机、伦理底线的失落,都使人们产生了道德与文化的饥渴以及对健全社会发展的需求。满族人也像其他各民族成员一样,不约而同地希望通过发掘、再造自己的传统文化实现心灵回归;或者在现实矛盾的情况下借助传统文化的支持力,获得一些缓解通道或谋求一种解决冲突的张力。

因此,我们在仪式中看到浓烈的亲属感情、无私的参与热情、平等的交流气氛,就在这样的环境下,穆昆的共同价值基础、社会规范、集体利益、情感召唤力获得了充分表达。

任何一个穆昆的续谱、家神祭祀活动都是通过家族成员发动、组织的,为了这样的活动,他们付出的辛苦难以想象。谈到这次修谱准备工作的艰辛,杨姓家族年轻的穆昆达感慨万千。他说:"这里的故事太多了,人有五指,指指不齐,家丑不可外扬,不能往外宣传,个人知道怎么难就行了。不管怎么说,要感谢深厚的传统文化,没有我也许还会有其他人出来做这个事情,好的文化是不会断的,谁糟蹋这个文化我一定要讨个说法。"

第二,保护文化遗产的动力。在当今提倡文化多元化的社会语境中,很多家族成员以维持家族原始身份作为群体自我保护并寻求外部支持的方法。为了让家族传统获得更高的知名度和正统性,有的族姓先是为所聚居的村落申报民族乡,得到批准后再争取政府资金修建民俗室、家族堂子。我们所考察的这几个穆昆都申报过文化遗产项目,现在关姓、杨姓、石姓的满族祭祖都被评为吉林省省级非物质文化遗产项目,以后还有希望晋升为国家级非物质文化遗产项目,这也成为各家争取办好仪式的动力之一。

满族祭祀文化在当下扮演着重要角色。关云蛟在仪式现场接受采访时这样说:"要把这种文化传承下去,这是一种原始的、古老的文化,我们家族被列为吉林省非物质文化遗产,搞这个活动就是让这个'活化石'活下去。"这与其他家族的想法相似,他们都希望通过祭祖、修谱活动凝聚家族力量,使自己的家族在地方性互动中获得更多的信誉和竞争空间。

第三,开发旅游资源的动力。对于续谱、祭祖活动,关云蛟这样认为,

"要继承这种文化，宣传这种文化，弘扬这种文化，就要把萨满文化作为文化产业来开发，开办满族萨满文化旅游，在政府的主导下，做出整体的规划，让国内外的人都能欣赏到古老神秘的萨满文化"。现在，许多地方政府都在努力发掘文化遗产的有用性，特别是希望它能够带来直接的经济效益。这种渴望常常是各地不断申报文化遗产项目的动力之一。

萨满文化与旅游的结合是这几个家族都很关心并亲力亲为的大事。十几年来，每个家族为了配合当地旅游事业的开展，都进行过各种表演。无论是在冬季开江捕鱼节上，还是在长白山文化旅游基地的仪式中，以及各种地方性旅游项目的安排里，这些家族的萨满被无数次邀请前去表演。这种表演除了向外展示自己家族的萨满文化特色之外，表演者和组织者还会略有些经济收入。甚至说，经济补偿在某种程度上，也是某些个人对萨满文化热衷的动力。但就总体情况来看，通过萨满到外边表演获得的经济利益是微小的，受益的只是少数人。如果能让萨满表演作为自己家族、自己村落的旅游资源，让萨满表演带来的经济效益惠及全族就更好了。

文化传承人生活在复杂交错的环境里，不得不在经济利益与传统文化之间进行调适，在自己传承的知识、技艺和现代化生活追求之间寻找变通。这样做的结果常常会出现这样的情况：传承人操作的一些文化表演仪式在表演的时间和地点上并不符合它本来的规矩，从而淡化了它的精神内涵，传承人要根据旅游的需要对自己文化的内容和形式进行选择。在旅游地的表演中，诸种文化元素由于旅游需要不断地被置换、重组，传统的文化常常被简化为易于把握和利用的几组要素或特征，越来越成为固定的场景展演模式，文化遗产逐渐变得客体化、非历史化，人为的编排几乎把文化遗产塑造成固化的东西，失去了它的精神活力。

文化遗产的保护是一项培育灵魂的工程，不能目光短浅地指望它不断地给我们带来财富，不能对文化遗产采取急功近利的功利主义态度。既然文化遗产的保护是一项人类精神培育的工程，这个工程就不是短时期可以完成的，它要长期坚持下去，要花费巨大的心力去培养。

# 罗关附件1
# 罗关家族满文萨满文本

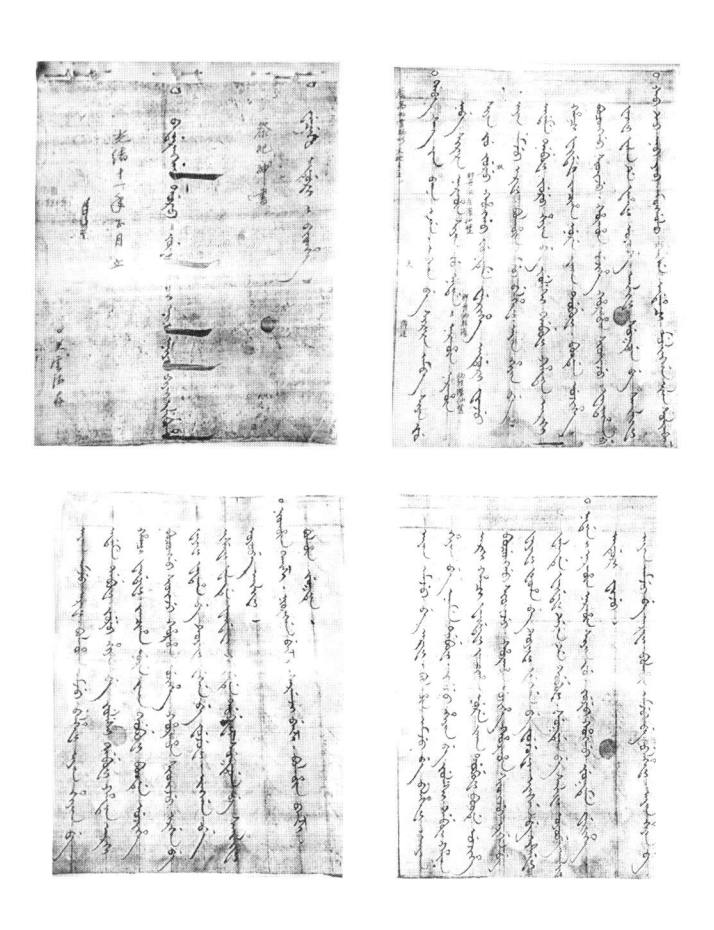

# 满族罗关穆昆续谱与祭祖考察

罗关附件 1　罗关家族满文萨满文本

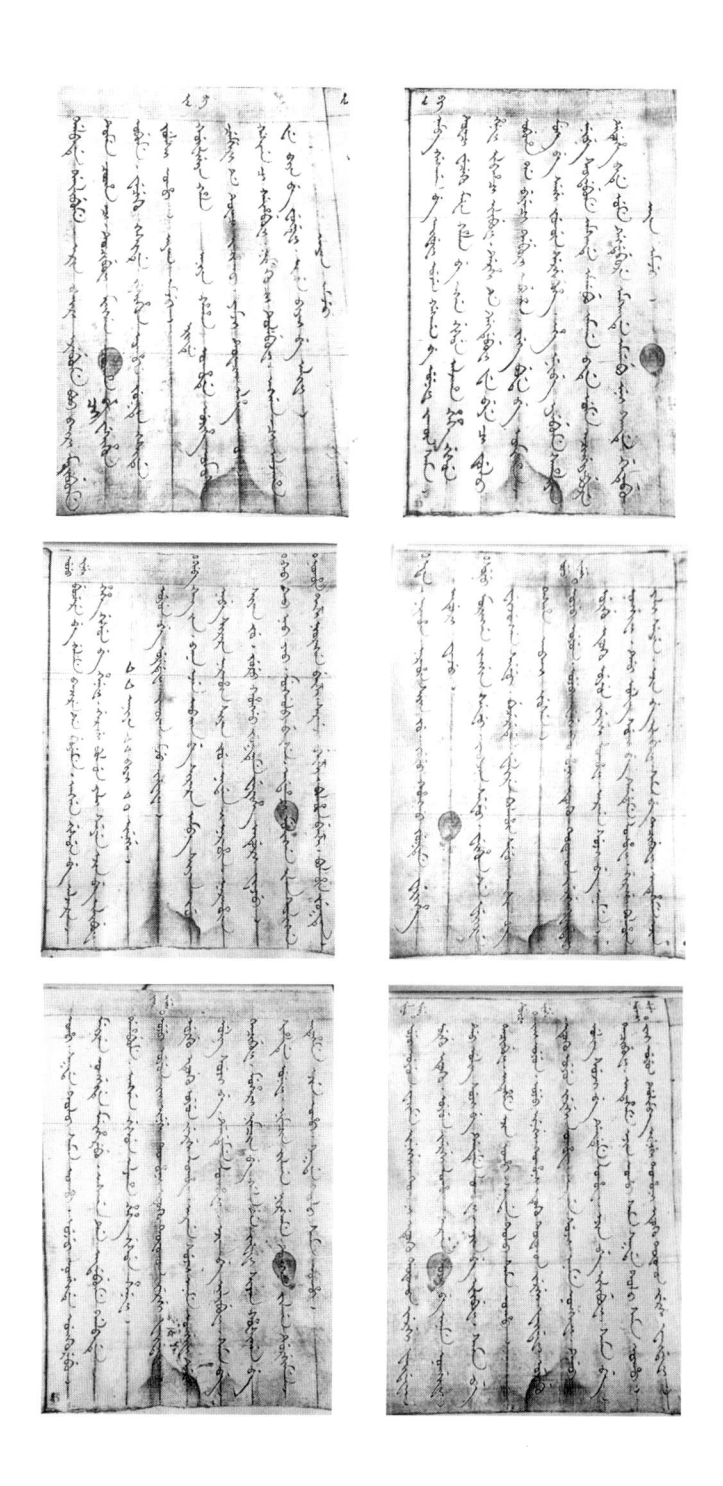

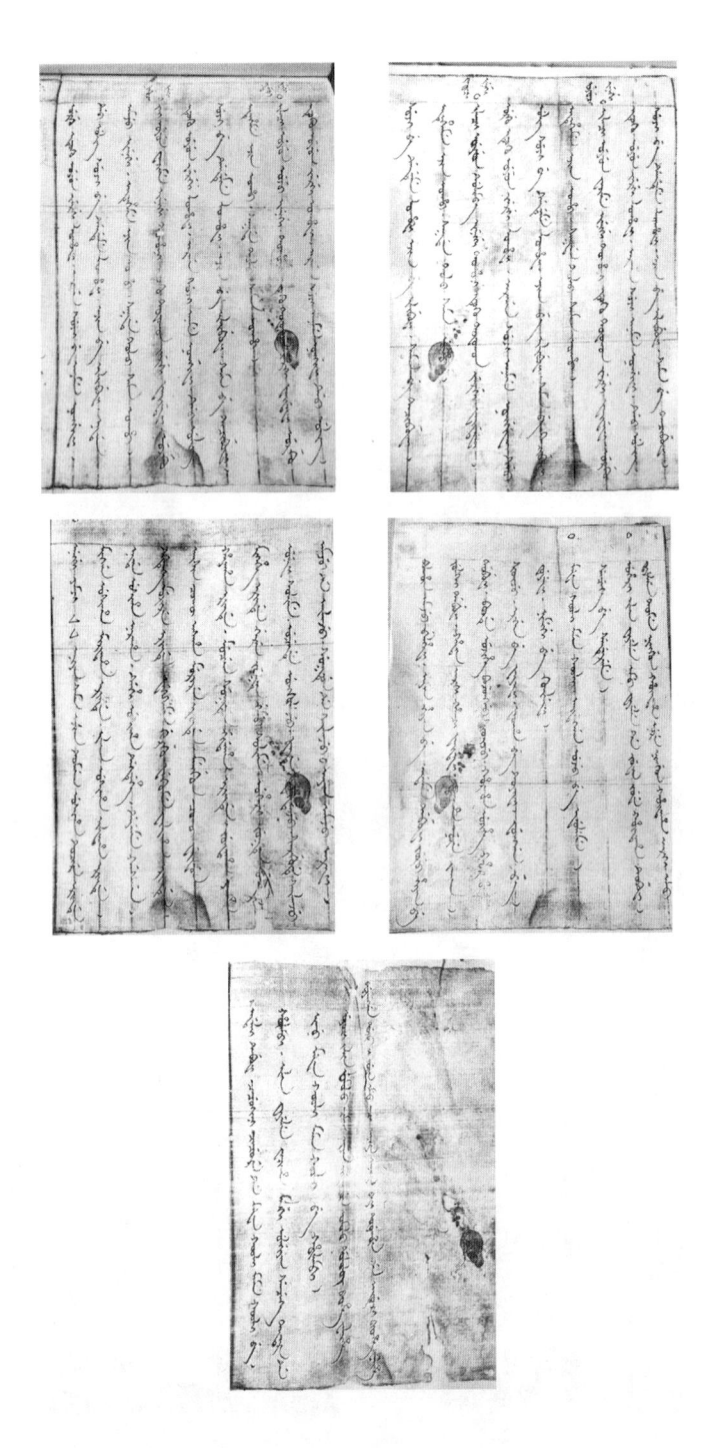

满族罗关穆昆续谱与祭祖考察

# 罗关附件2
# 罗关家族满汉双语的萨满文本

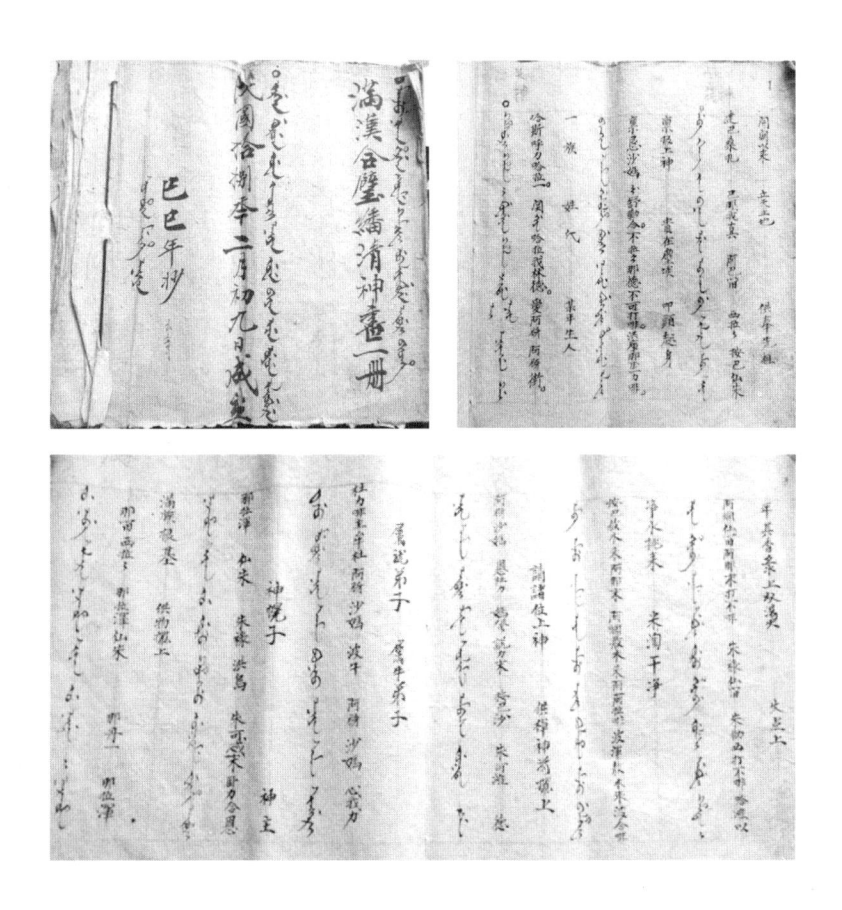

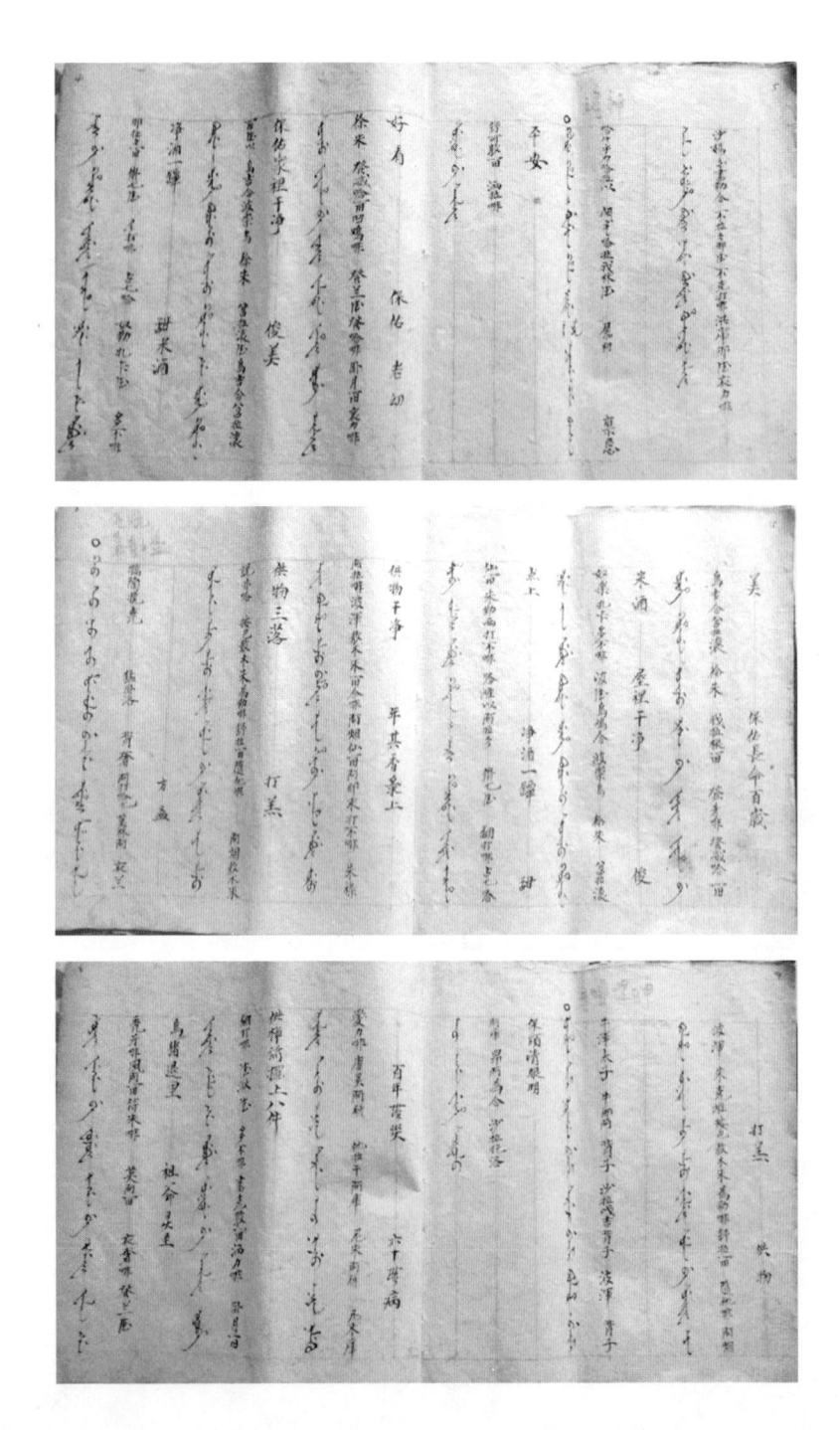

满族罗关穆昆续谱与祭祖考察

罗关附件 2　罗关家族满汉双语的萨满文本

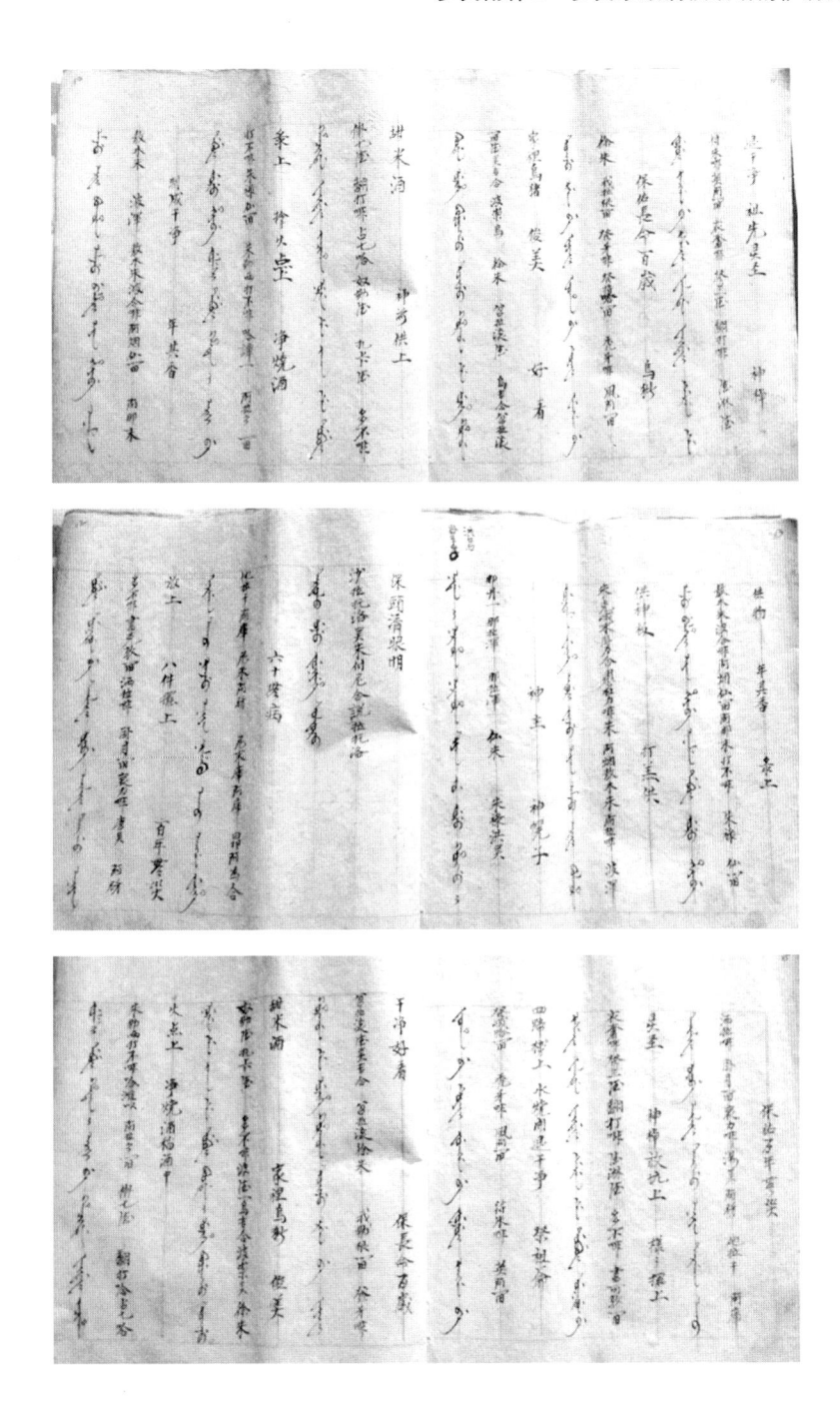

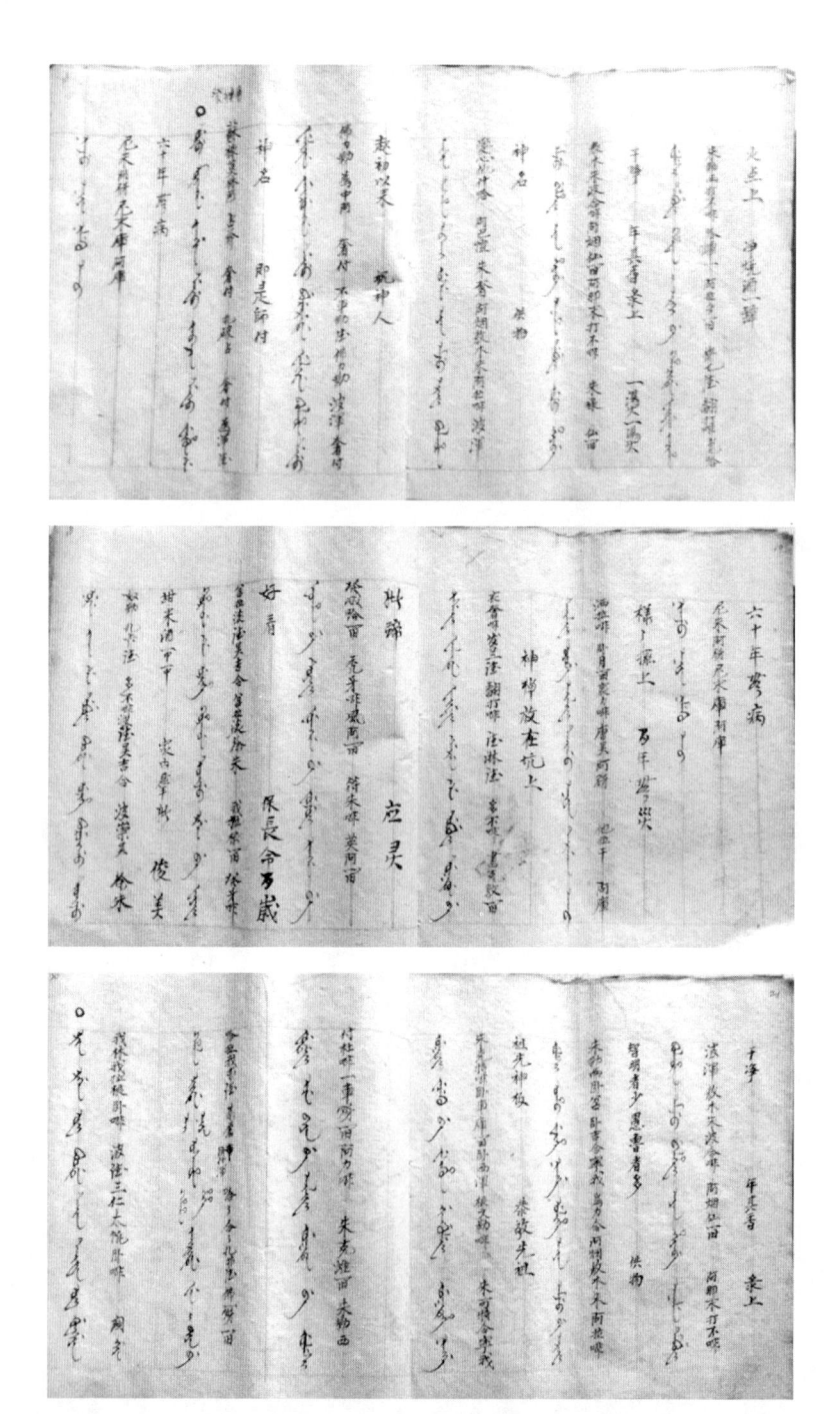

满族罗关穆昆续谱与祭祖考察

罗关附件 2　罗关家族满汉双语的萨满文本

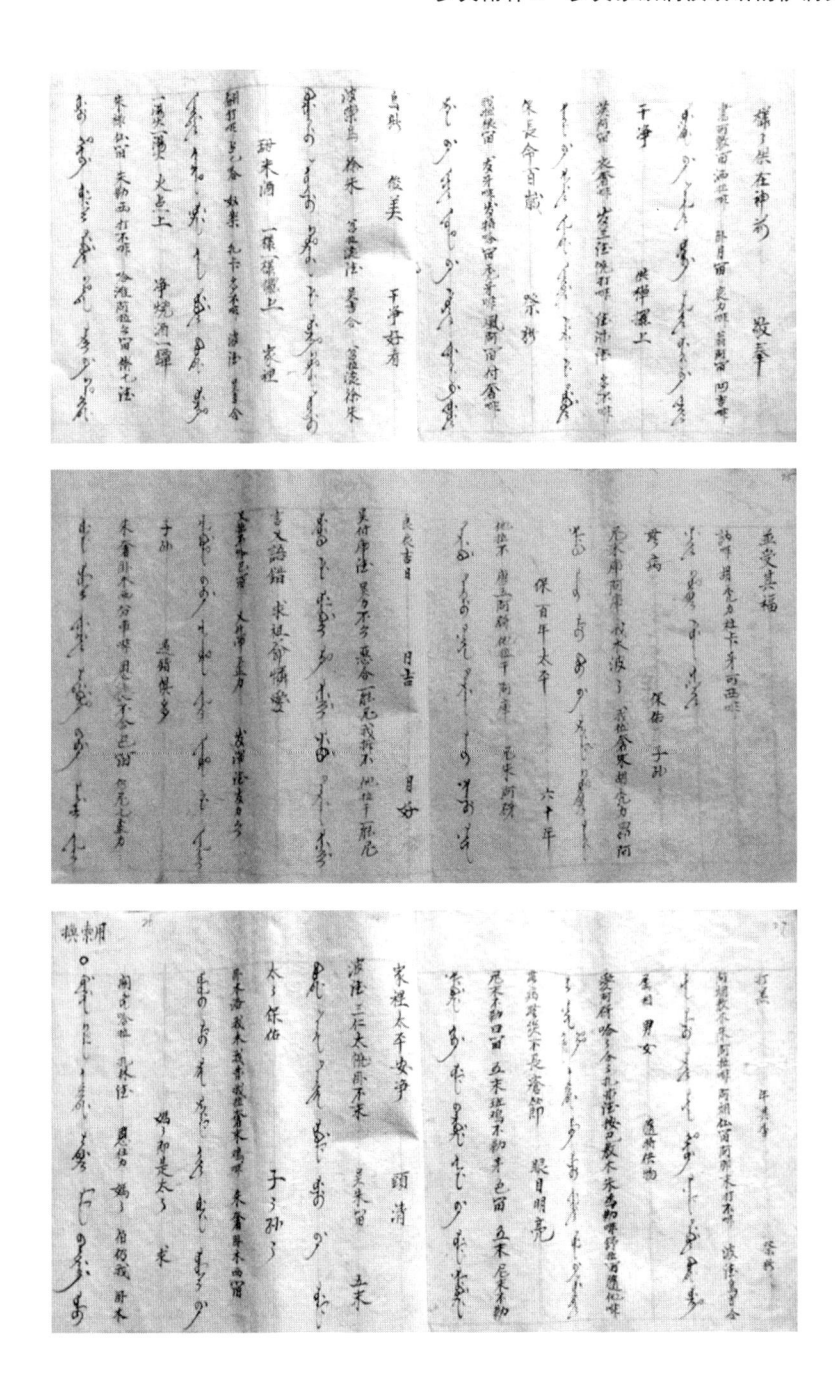

满族罗关穆昆续谱与祭祖考察

# 罗关附件 2　罗关家族满汉双语的萨满文本

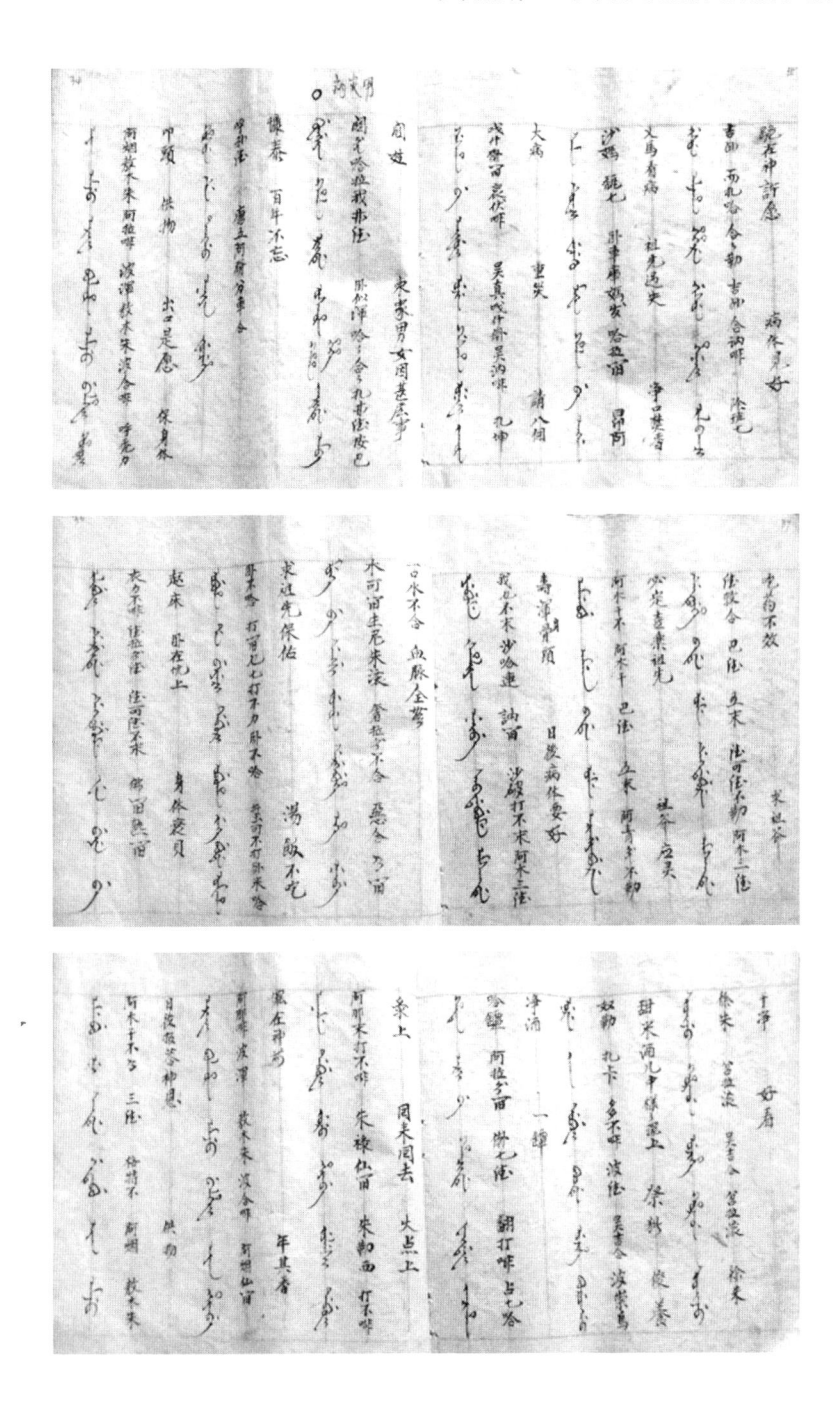

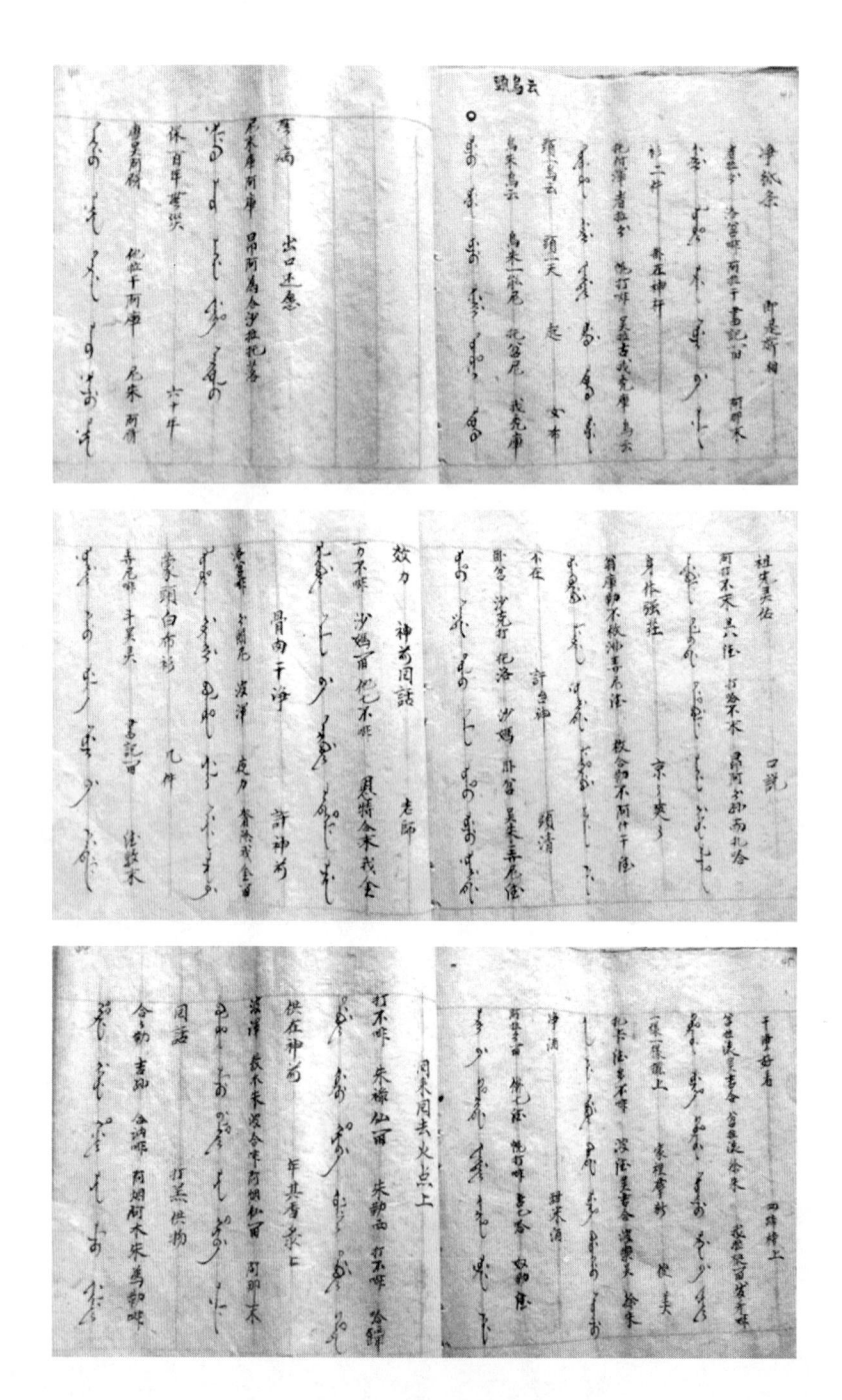

满族罗关穆昆续谱与祭祖考察

罗关附件 2　罗关家族满汉双语的萨满文本

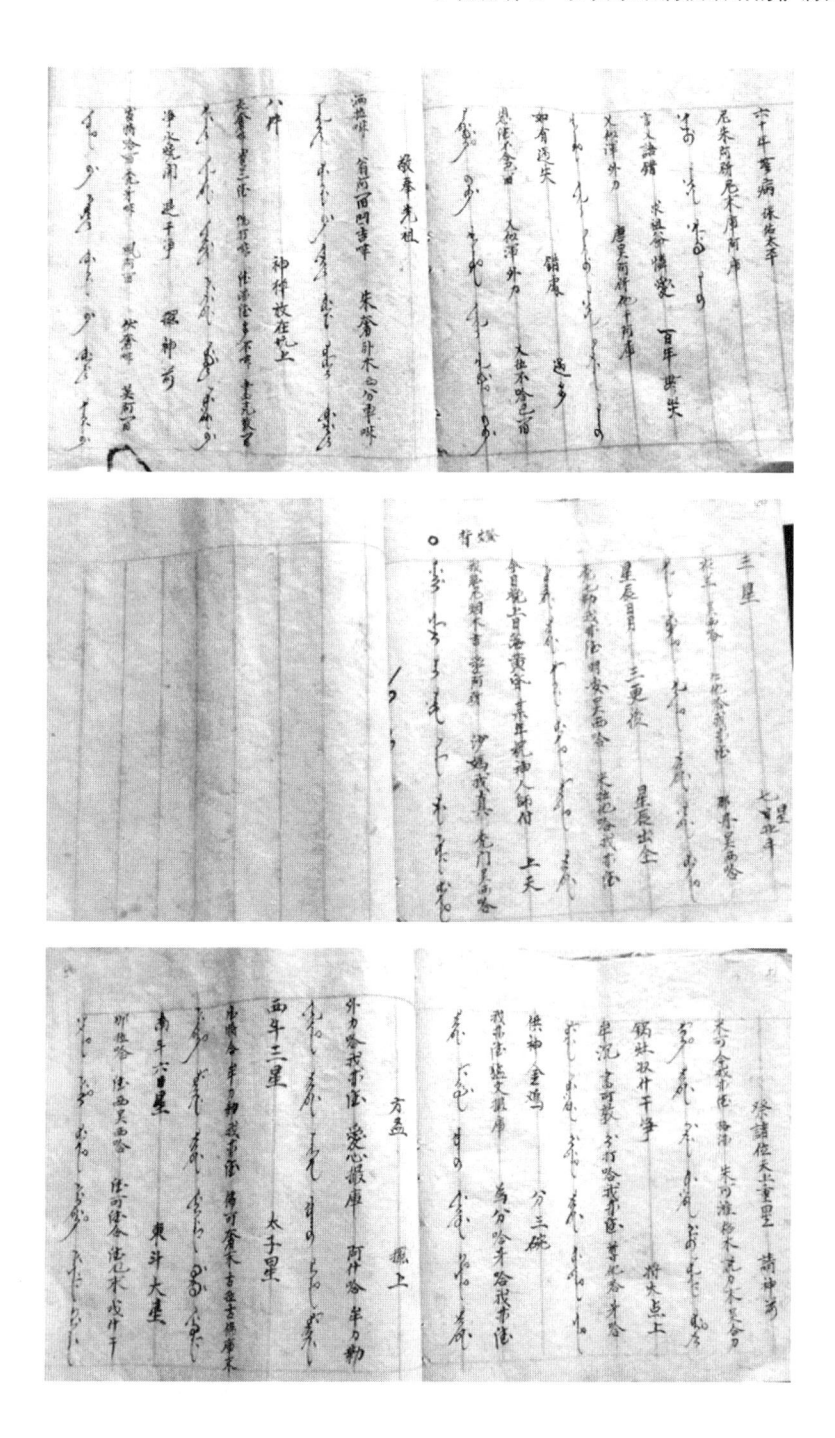

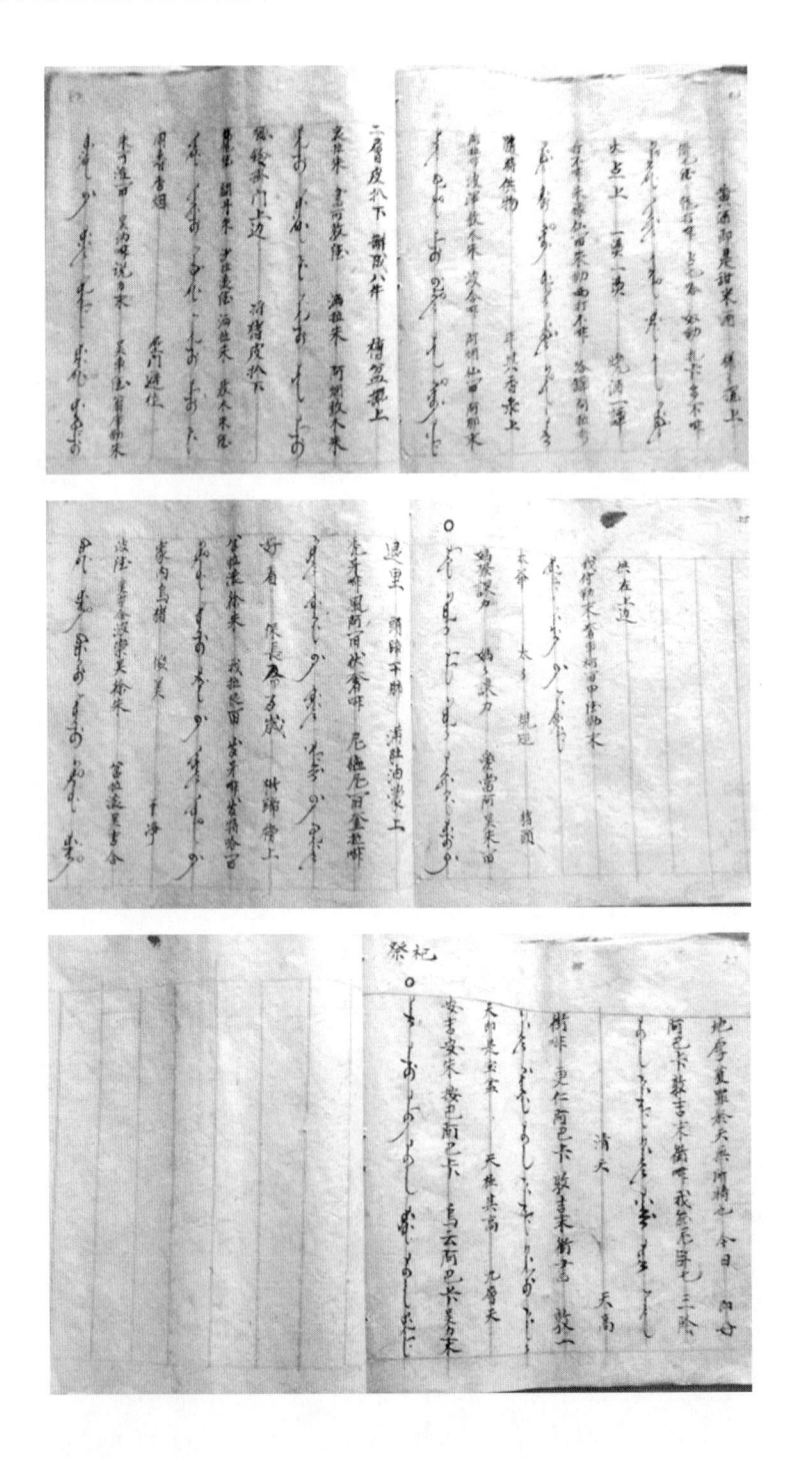

满族罗关穆昆续谱与祭祖考察

罗关附件2　罗关家族满汉双语的萨满文本

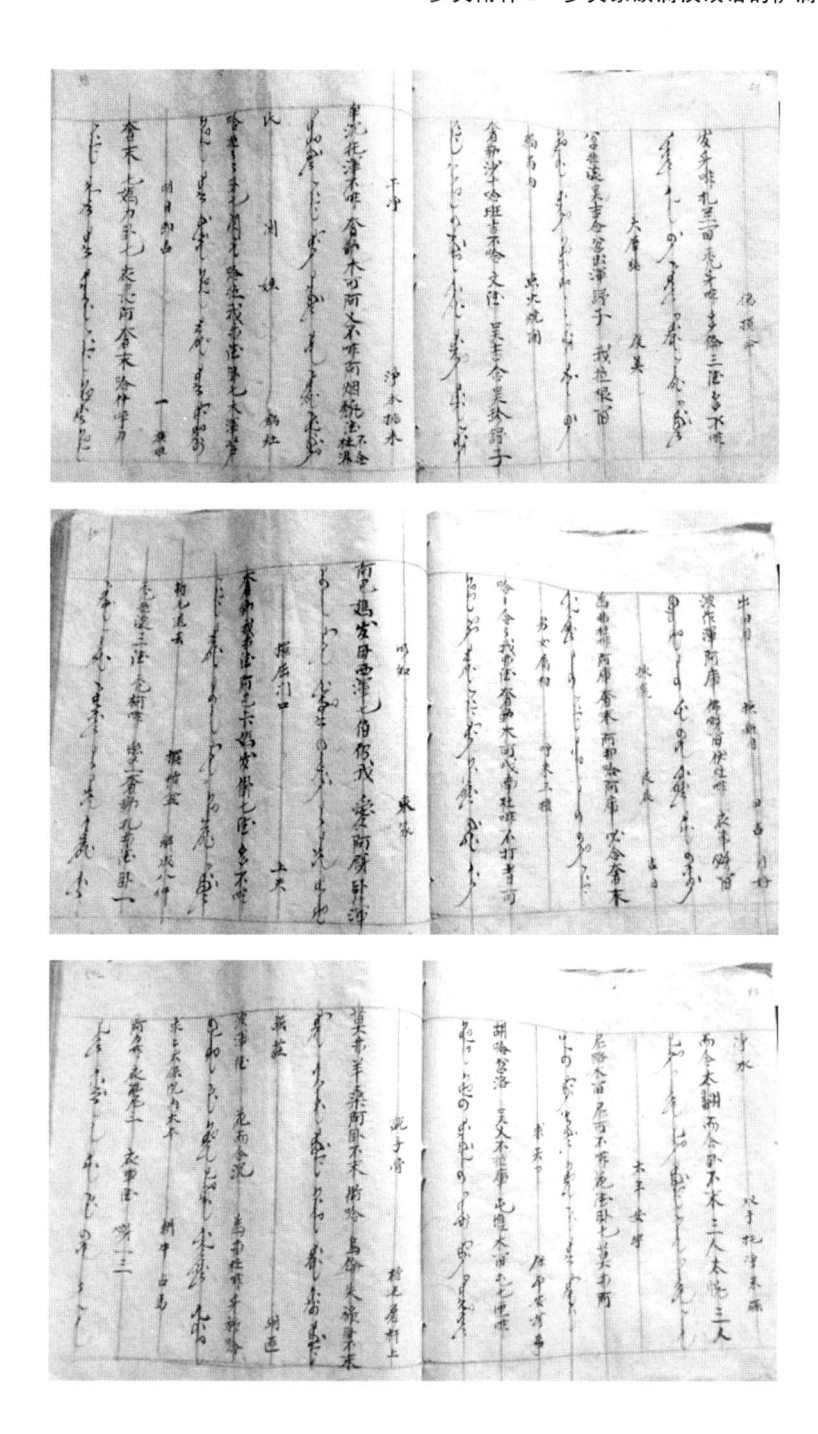

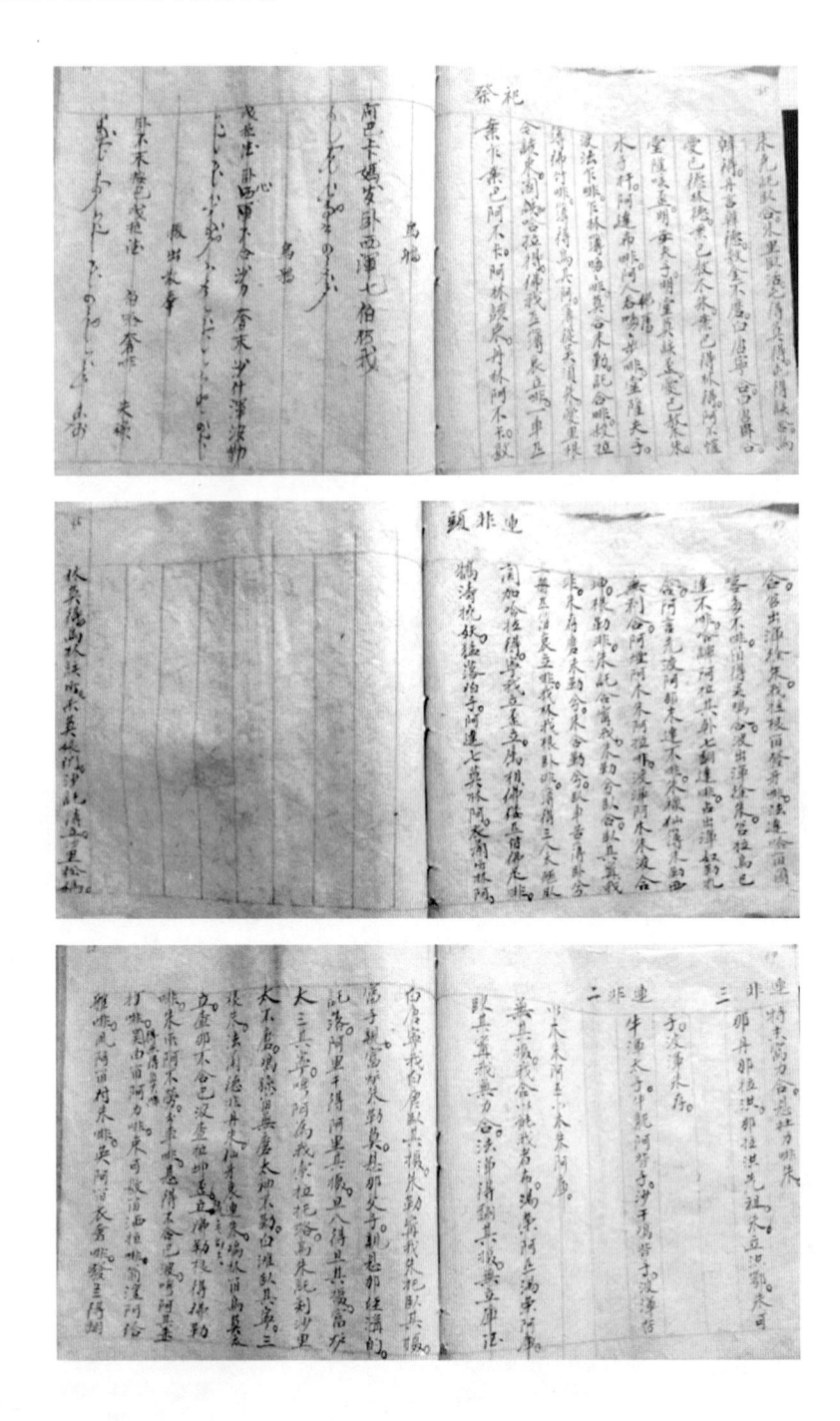

满族罗关穆昆续谱与祭祖考察

# 罗关附件 2　罗关家族满汉双语的萨满文本

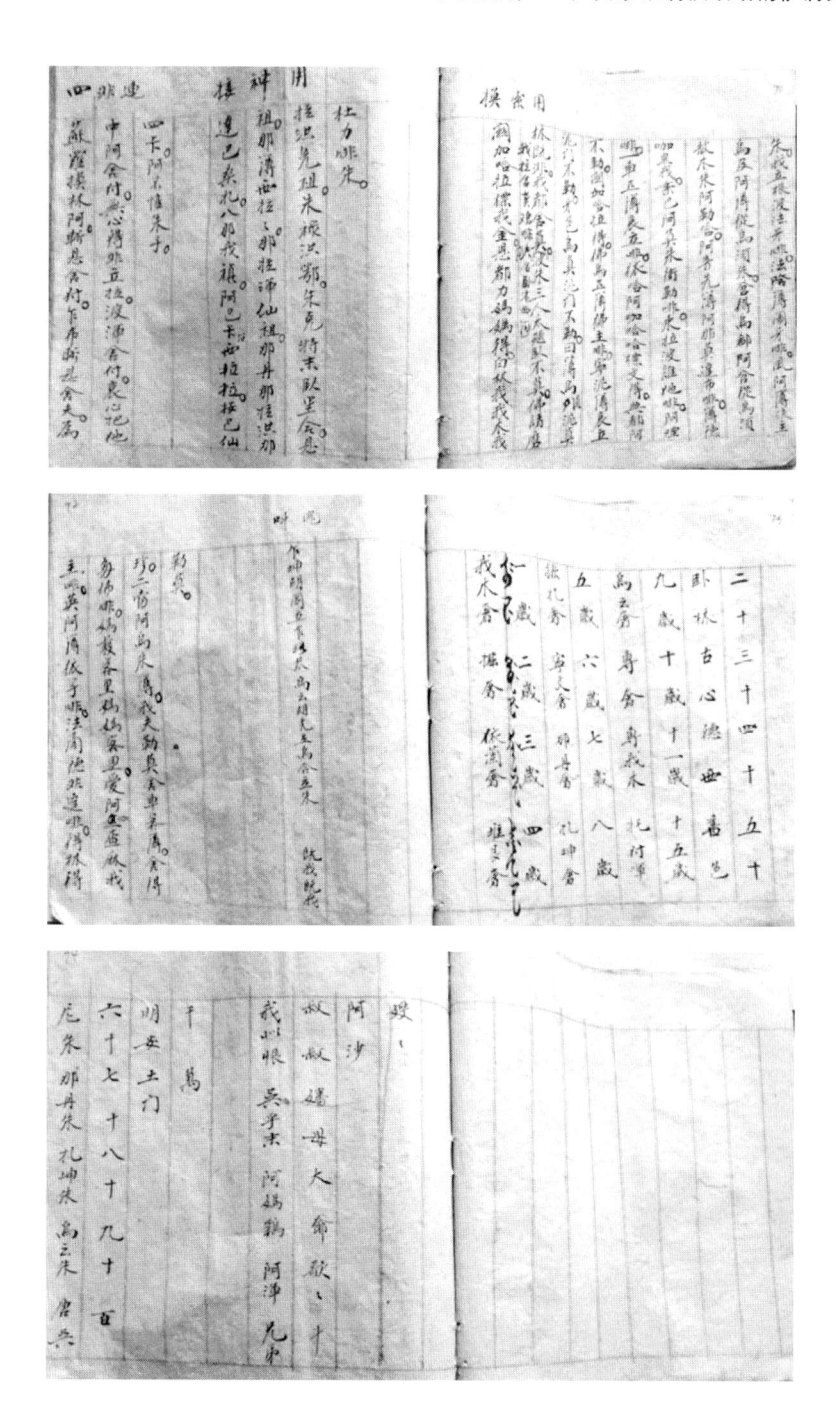

# 罗关附件 3
## 罗关家族族谱

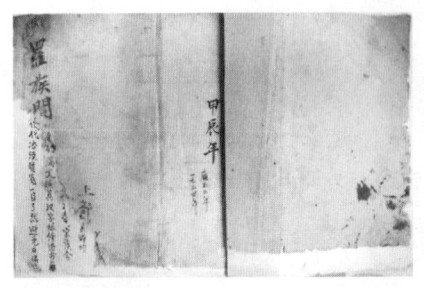

186

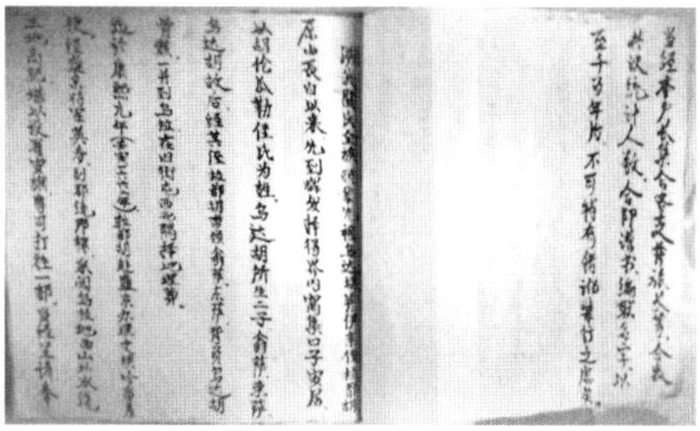

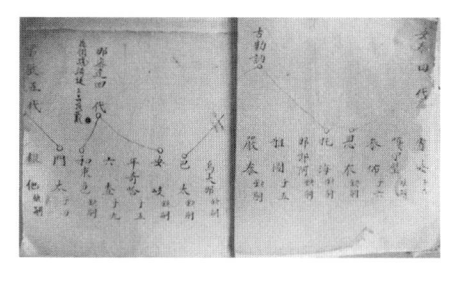

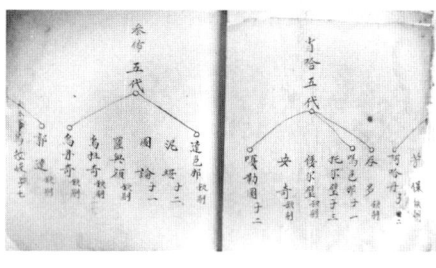

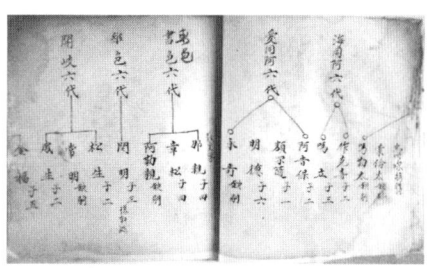

罗关附件3　罗关家族族谱

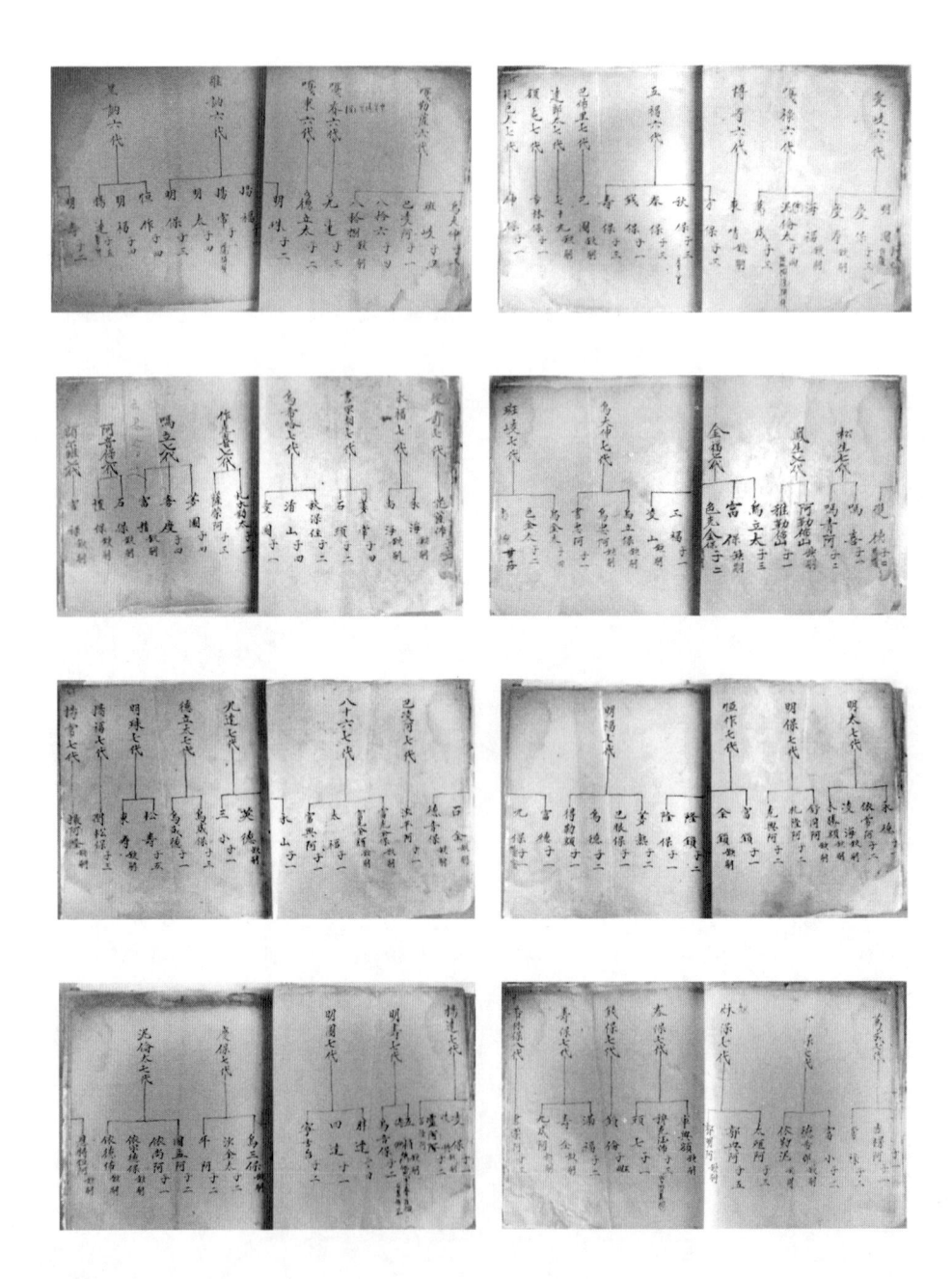

满族罗关穆昆续谱与祭祖考察

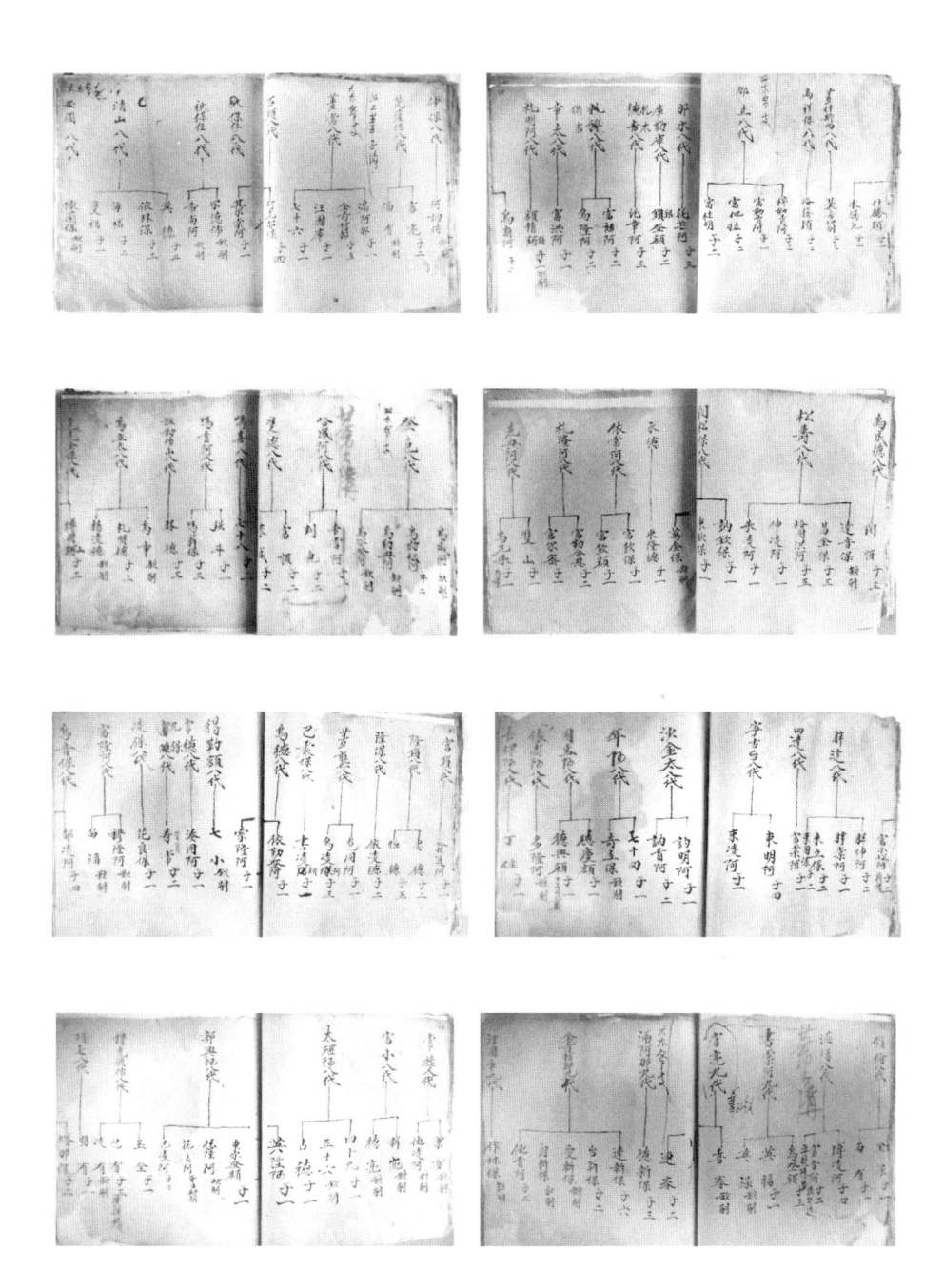

罗关附件 3　罗关家族族谱

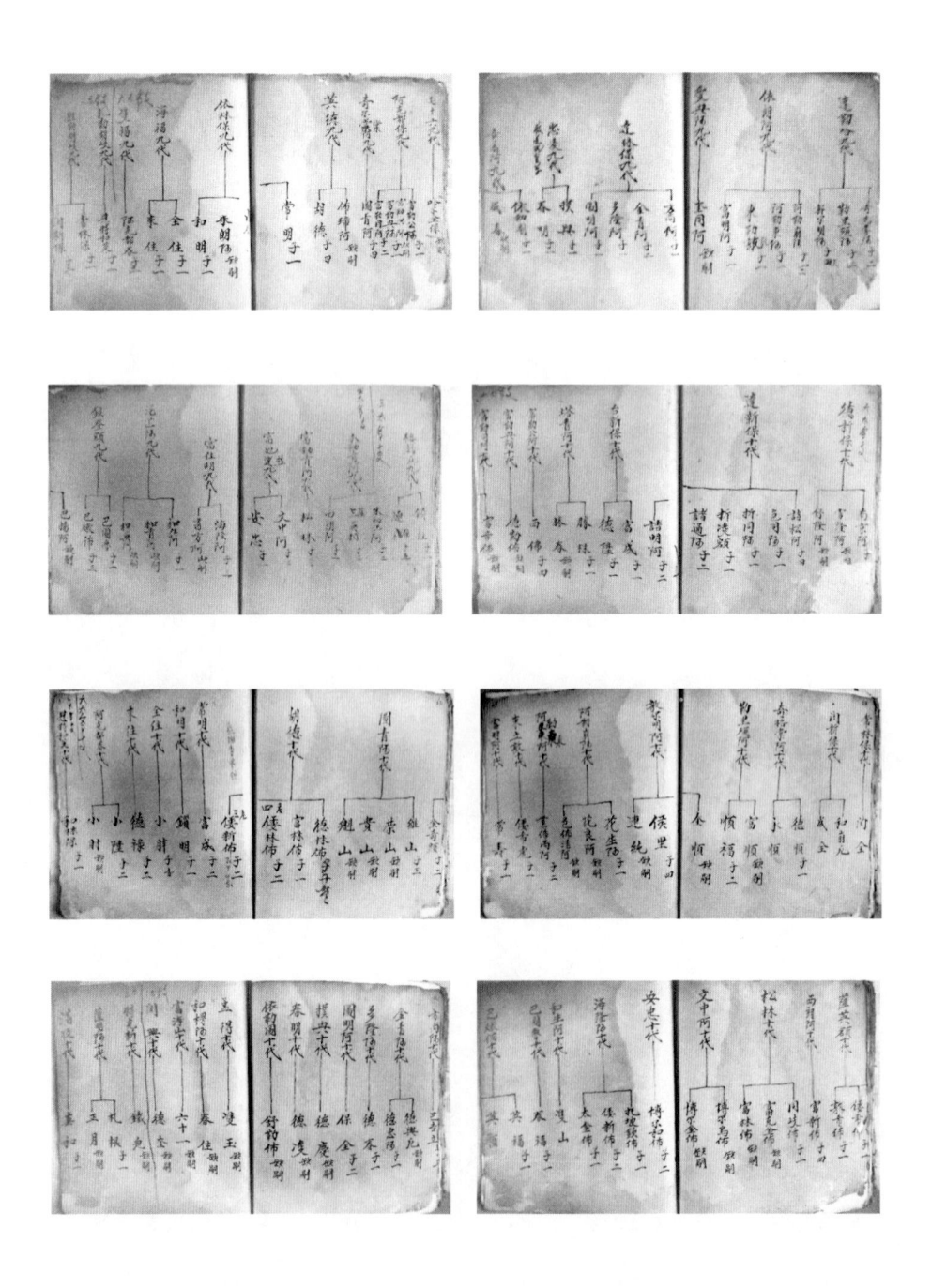

满族罗关穆昆续谱与祭祖考察

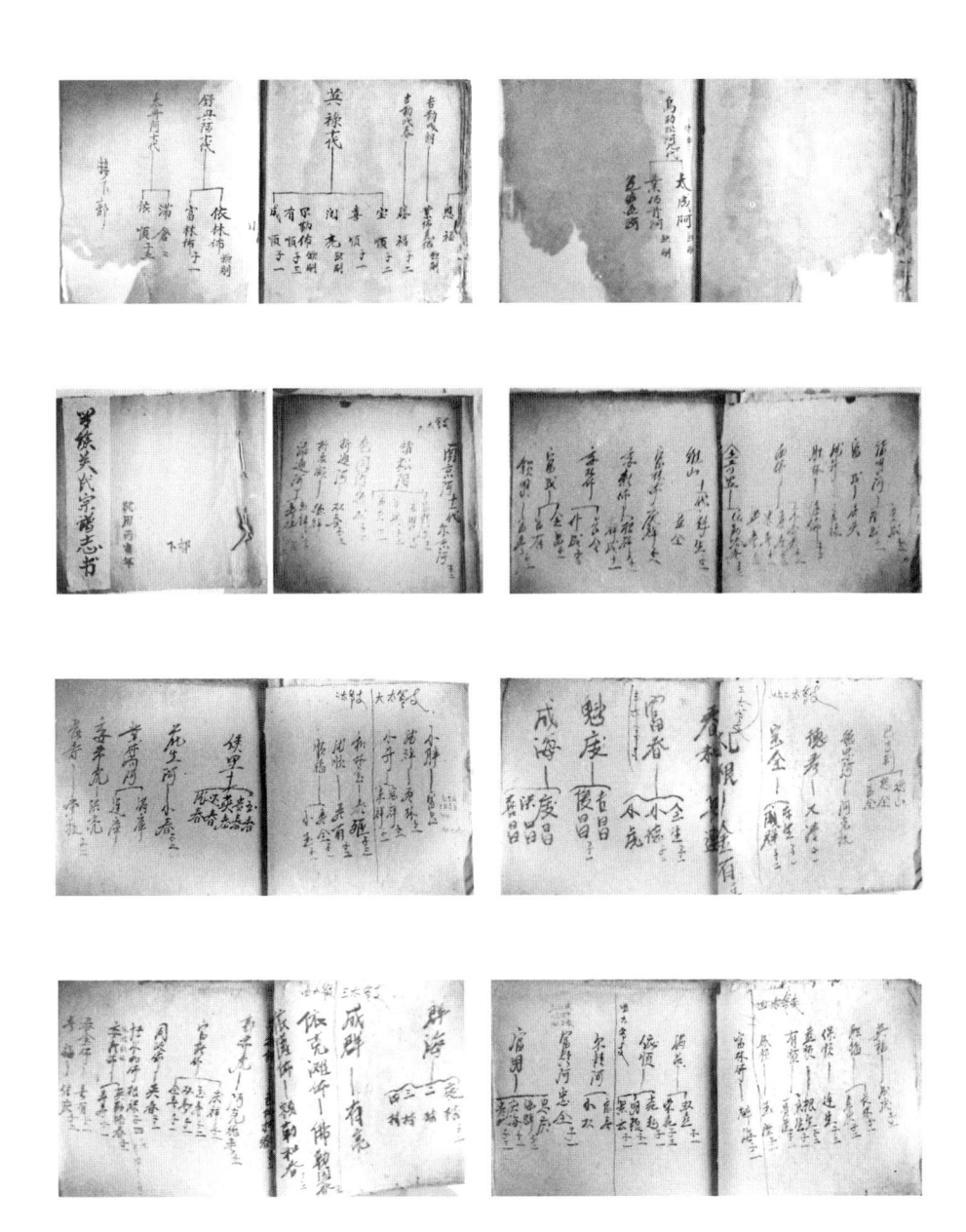

罗关附件 3　罗关家族族谱

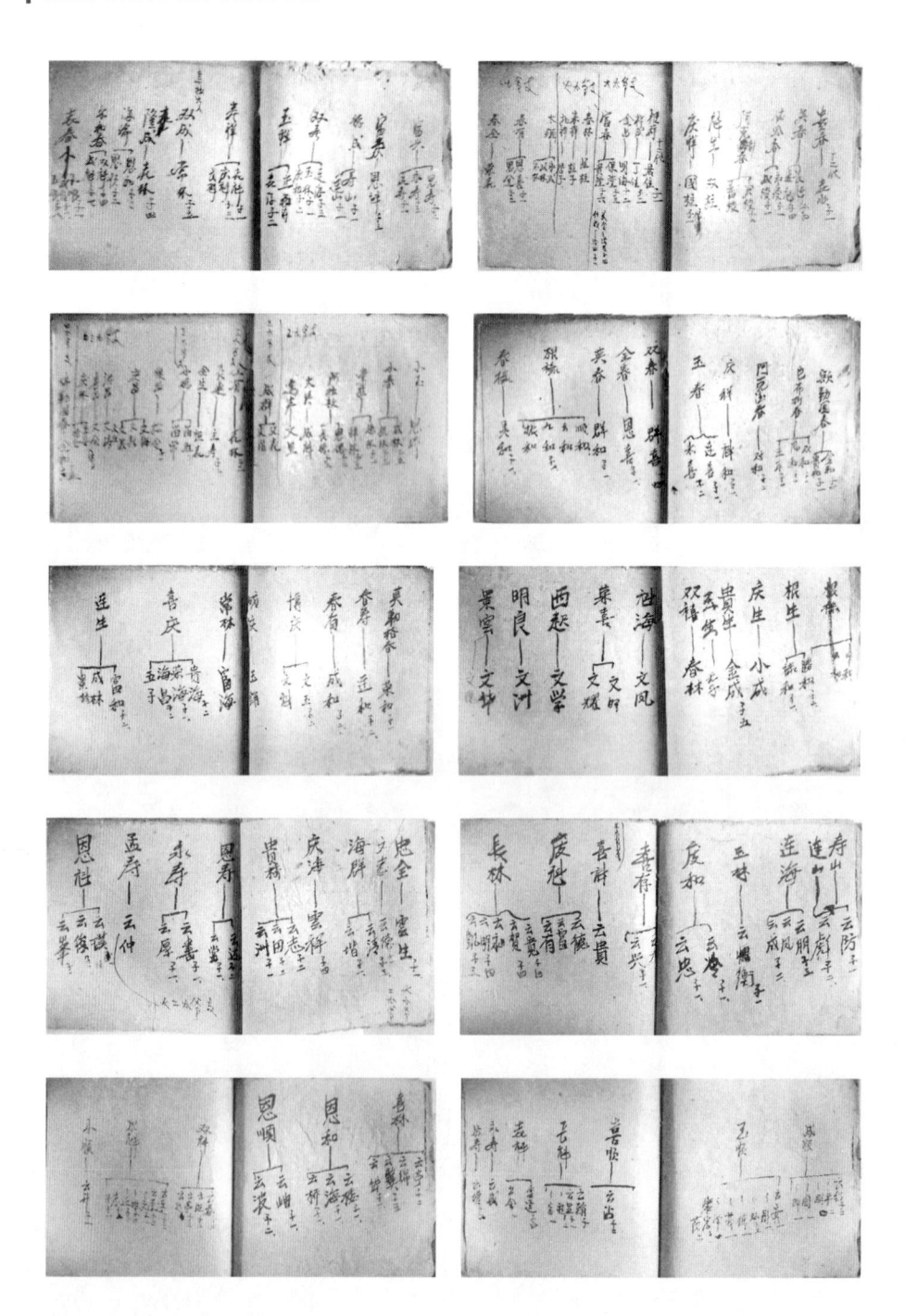

满族罗关穆昆续谱与祭祖考察

罗关附件 3　罗关家族族谱

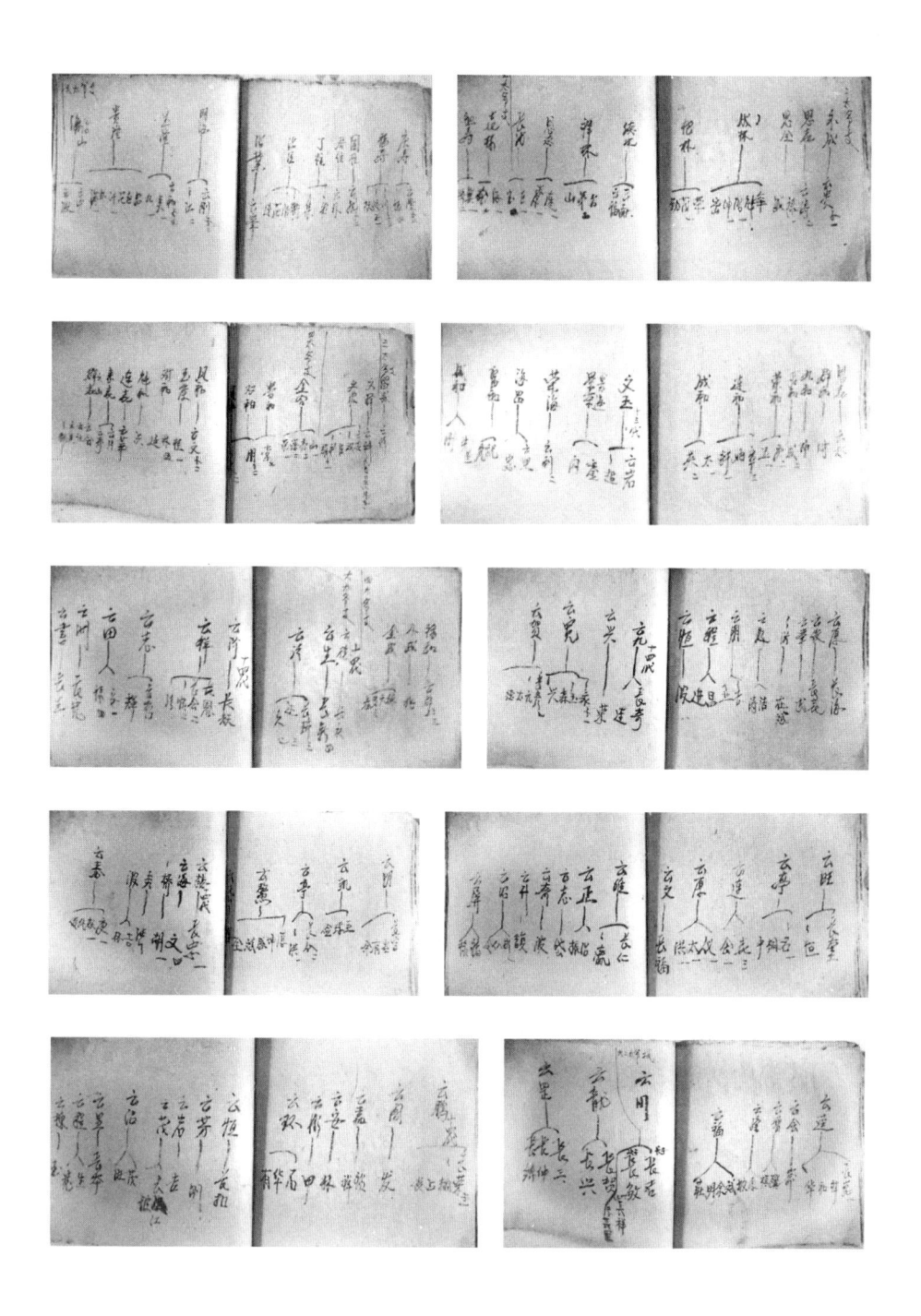

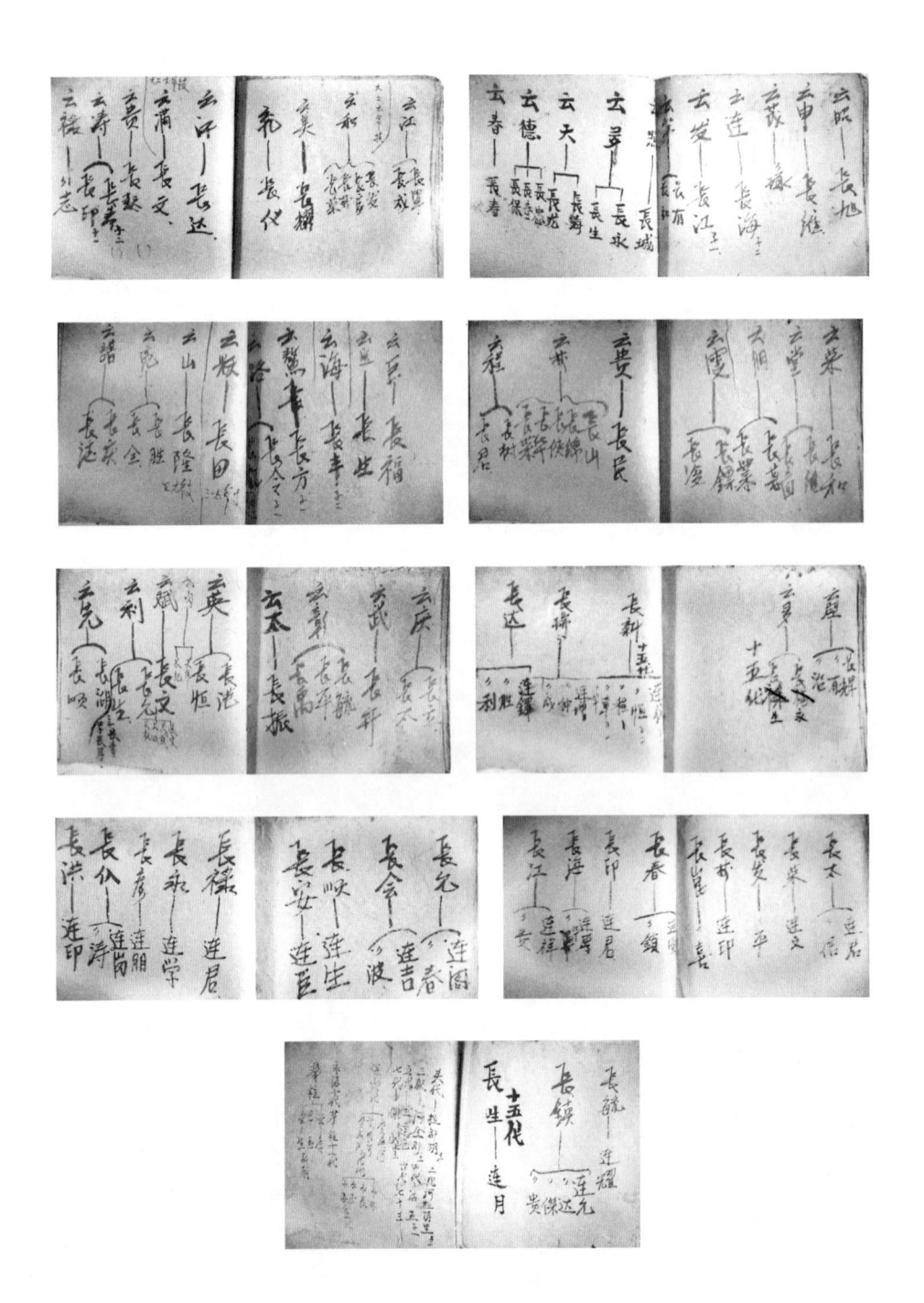

满族罗关穆昆续谱与祭祖考察

图书在版编目（CIP）数据

满族罗关穆昆续谱与祭祖考察./于洋等著.--北京：社会科学文献出版社，2019.9
（萨满文化研究丛书）
ISBN 978－7－5201－2128－6

Ⅰ.①满… Ⅱ.①于… Ⅲ.①满族-氏族谱系-研究-中国 ②满族-祭祀-研究-中国 Ⅳ.①K820.9 ②K892.22

中国版本图书馆 CIP 数据核字（2017）第 329093 号

·萨满文化研究丛书·
## 满族罗关穆昆续谱与祭祖考察

著　　者／于　洋　孟慧英　孟盛彬　曾　慧　罗关家族

出 版 人／谢寿光
责任编辑／范　迎

| 出　　版 | 社会科学文献出版社·人文分社（010）59367215 |
|---|---|
|  | 地址：北京市北三环中路甲29号院华龙大厦　邮编：100029 |
|  | 网址：www.ssap.com.cn |
| 发　　行 | 市场营销中心（010）59367081　59367083 |
| 印　　装 | 三河市尚艺印装有限公司 |
| 规　　格 | 开　本：787mm×1092mm　1/16 |
|  | 印　张：13.5　　字　数：207千字 |
| 版　　次 | 2019年9月第1版　2019年9月第1次印刷 |
| 书　　号 | ISBN 978－7－5201－2128－6 |
| 定　　价 | 89.00元 |

本书如有印装质量问题，请与读者服务中心（010-59367028）联系

▲ 版权所有 翻印必究